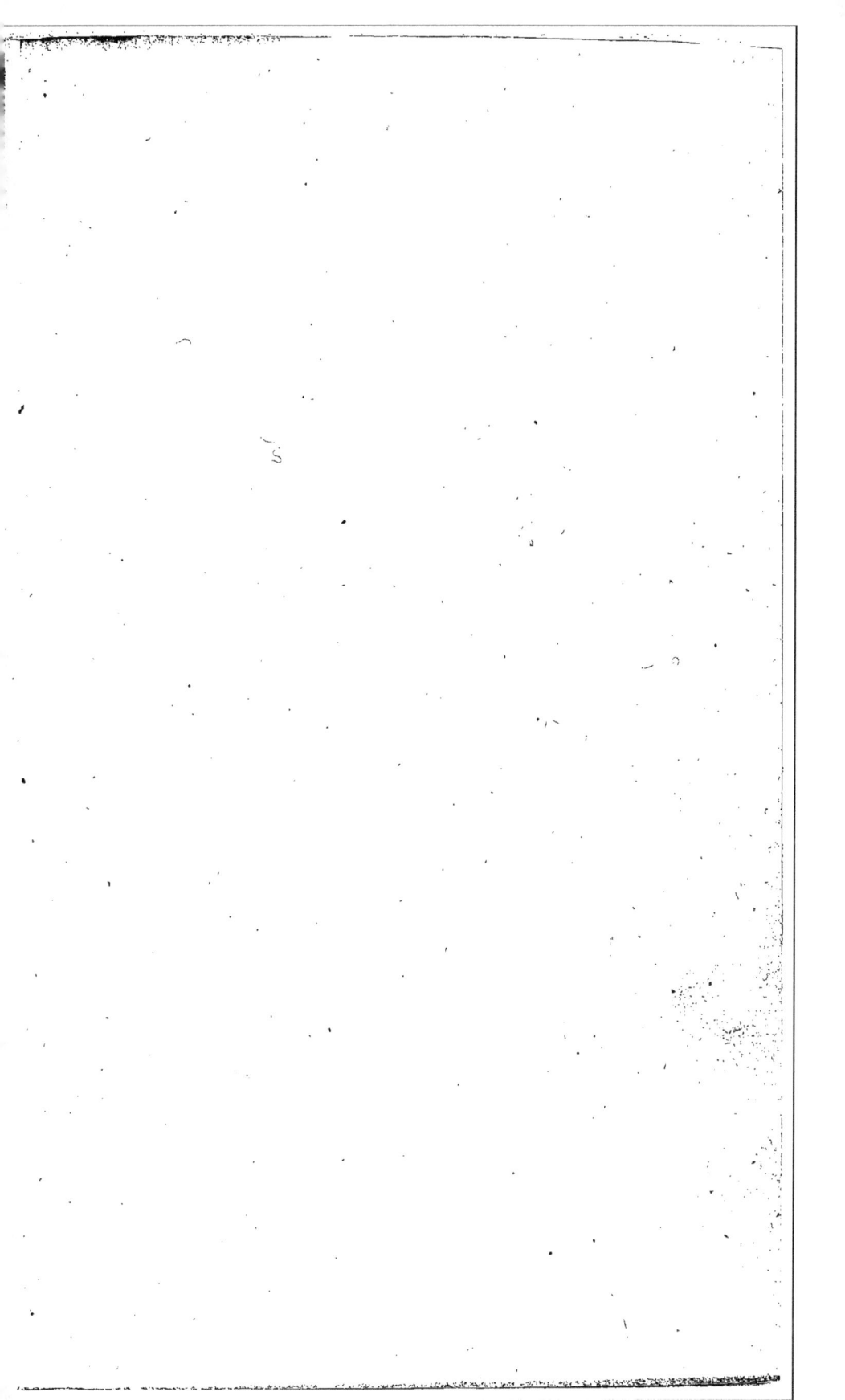

Les planches sonnés
à la fin du volume

V 2665
Fb.

(c.

à conserver

25091

HISTOIRE

DE

LA TÉLÉGRAPHIE.

3821

Au Mans , Imprimerie de CH. RICHELET.

HISTOIRE

DE

LA TÉLÉGRAPHIE,

PAR M. CHAPPE L'AINÉ,

ANCIEN ADMINISTRATEUR DES LIGNES TÉLÉGRAPHIQUES ,

AVEC UN VOLUME DE PLANCHES,

PRÉCÉDÉE

1º DE L'ORIGINE DU TÉLÉGRAPHE CHAPPE.

2º D'OBSERVATIONS SUR LA POSSIBILITÉ DE REMPLACER LE TÉLÉGRAPHE AÉRIEN PAR UN TÉLÉGRAPHE ACOUSTIQUE.

3º DES MOTIFS QUI ONT OBLIGÉ LES CHAPPE A DEMANDER LEUR RETRAITE.

AU MANS,

CH. RICHELET, IMPRIMEUR-LIBRAIRE,

Rue de la Paille, 10.

1840.

PRÉFACE.

Il y a déjà plus de quarante ans que l'on se sert en France de la télégraphie, et peu de personnes cependant connoissent le télégraphe françois : on le voit de trop loin, et sans y faire beaucoup d'attention.

L'histoire que nous publions le fera mieux connoître ; nous croyons qu'il ne peut que gagner à être observé de plus près et examiné avec soin.

Cette histoire ne présentera pas un égal intérêt dans toutes ses parties. La nomenclature et la description des télégraphes, qui ont été faits avant et depuis celui de France, paroîtront peut-être ennuyeuses à beaucoup de lecteurs; mais ce travail facilitera les progrès de l'art télégraphique, fournira des maté-

A

riaux, et sera un point de départ pour
ceux qui voudront faire des recherches
en ce genre.

La télégraphie sera probablement
plus étudiée dans l'avenir qu'elle ne
l'est aujourd'hui, et nous continuerons,
par les renseignements que nous don-
nons sur elle , à lui servir d'appui, lors
même que nous n'existerons plus.

INTRODUCTION.

Le besoin de communiquer entre eux, autrement que par la voix et l'écriture, se fit sentir aux hommes dès que les sociétés eurent fait quelques progrès dans la civilisation : il semble qu'on ajoute quelque chose à son existence en abrégeant le temps et en diminuant les distances.

Les moyens qu'on imagina pour se faire entendre de loin avec une grande rapidité se bornèrent cependant à échanger quelques phrases convenues ; mais, comme ces phrases faisoient connoître des faits ou des avis importants, on en a continué l'usage : toutes les nations s'en sont servies. Les peuples de l'Asie, de la Grèce, des Gaules, des Espa-

gnes, d'Italie, d'Angleterre, ont eu recours aux signaux, soit pour s'attaquer
entre eux, soit pour se défendre.

Les Chinois en avoient placé sur toute
l'étendue de la grande muraille, et
Tamerlan même répandit, par des signaux, l'épouvante au milieu de ses ennemis.

Le langage des signes ne se perfec-
tionna point ; il fut toujours réduit à
peu près à annoncer quelques phrases ;
cet art commençoit même à être oublié
depuis quelques siècles. Un petit nombre
de savants seulement en avoient conservé le souvenir : ils cherchoient à le
reproduire sous des formes nouvelles,
sans changer ses résultats. Lorsque la
grande catastrophe de la révolution françoise ébranla l'Europe au XVIIIe siècle,
la France, attaquant tous les peuples
qui l'environnoient, et étant attaquée
par eux, éprouva un transport d'exal-
tation qui l'éleva au-dessus de tous les
dangers : elle créa, comme par enchan-

tement, tous les moyens qui pouvoient servir à sa défense et préparer ses conquêtes. La quantité prodigieuse d'hommes que les François avoient armés les avoient déterminés à se servir d'une nouvelle tactique ; il falloit donner un ensemble à ce grand nombre de bataillons qui s'étendoient du Nord au Midi de l'Europe. On saisit avec empressement le projet d'établir des communications rapides, avec lesquelles on pût concerter leurs mouvemens, faire agir simultanément un million d'hommes dispersés sur un espace immense, comme s'ils eussent été réunis dans le même lieu, et entretenir l'effervescence des esprits en répandant promptement le récit des mesures adoptées, et surtout le succès qu'elles produisoient.

Il ne s'étoit pas encore présenté d'événement où la télégraphie pût être aussi utile ; elle fut exhumée des cartons d'un comité, dans lesquels on l'a-

voit ensevelie depuis plus d'une année;
elle y seroit peut-être restée éternellement, comme tant d'autres projets qui
sont reçus avec indifférence, et que l'on
ne daigne pas même essayer.

Cette insouciance pour les nouvelles
inventions a toujours existé, même en
France : leur utilité ne peut être prou-
vée que par l'expérience, et personne
n'est pressé de faire des essais, lorsqu'il
faut dépenser de l'argent et du temps.
L'emploi de moyens nouveaux contrarie
quelques habitudes, blesse souvent les
intérêts de ceux qui profitent des anciennes méthodes, et peu de gens, excepté les inventeurs, sont intéressés à
faire valoir des projets dont la réussite
paroît toujours incertaine.

D'ailleurs les individus n'influent que
très peu chez toutes les nations : ceux
qui les représentent ne mettent pas, pour
réaliser des découvertes, tout le zèle
qui feroit agir une réunion d'hommes
directement intéressés à la réussite des

inventions qui leur seroient particulièrement utiles.

L'adoption des découvertes qui ont
donné un si grand accroissement à l'in-
dustrie de la Grande-Bretagne, n'est
due qu'à des associations particulières.

Les régulateurs du pouvoir ne font
ordinairement d'efforts, pour propager
une invention nouvelle, que lorsqu'elle
peut servir à augmenter leurs forces ;
et, dans cette circonstance même, la
volonté qu'ils font paroître d'abord n'a
pas toujours assez d'activité et de persévérance pour qu'ils puissent profiter
de tous les avantages qui leur sont offerts.

Quelle invention pouvoit être plus
utile que celle de la poudre à canon ?
quels changements ne devoit-elle pas
produire dans la manière de combattre?
Et, cependant, il a fallu plusieurs siècles
avant que ces changements soient effectués.

On a été long-temps sans abandonner

les armes qui protégeoient le corps contre les lances et les flèches.

Beaucoup d'années se sont écoulées avant qu'on se servît de l'artillerie avec avantage, et qu'on connût l'usage des fortifications, maintenant pratiquées. Il y a cinq cents ans que la poudre à canon est connue en Europe, et ce ne fut qu'en 1634, au siége de la Mothe, qu'on fit usage en France de la bombe. Louis XIV forma le premier régiment de bombardiers, qui fut incorporé depuis dans l'artillerie; et l'on connoissoit si peu la puissance de cette arme, au XVIe siècle, que Montaigne disait :

« Les armes à feu font si peu d'effet, » sauf l'étonnement des oreilles, à qui » chacun est désormais apprivoisé, que » j'espère qu'on en quittera l'usage. »

Folard, si célèbre dans l'art militaire, et qui vivoit à la fin du XVIIe siècle et au commencement du XVIIIe, conseilloit, indirectement, dans ses ouvrages, de substituer les arcs et les balistes à

nos fusils et à nos canons. Et la télégraphie seroit encore, à peu près, ce qu'elle
étoit en mil sept-cent quatre-vingt douze
si les cinq frères Chappe, intéressés au
succès d'une découverte qui honoroit
leur nom, ne s'en fussent exclusivement
occupés; car tous les gouvernements,
sous lesquels ces utiles et brillants résultats ont été exposés, n'y ont pensé que
pour en tirer partie dans les moments
pressants et n'ont jamais rien fait pour
son amélioration, excepté M. de Vil-
lèle qui a accordé une augmentation au
budget, de trente mille francs, qui permit
à l'administration de placer, de douze
postes en douze postes, des employés qui
sussent écrire tous les signaux qui pas-
soient dans la journée par le télégraphe,
et que les stationnaires portoient chaque jour au bureau de poste le plus
voisin, éloigné quelquefois d'un my-
riamètre du télégraphe. Cet envoi jour-
nalier des procès-verbaux mit l'administration à même de faire vérifier

tous les jours les fautes qui se commet-
toient sur les lignes; et, par ce moyen,
elle connoissoit également les divisions
sur lesquelles il s'en commettoit un plus
grand nombre.

On a fait précéder l'histoire de la
télégraphie, dont l'aîné des Chappe est
l'auteur, premièrement, d'un abrégé
de l'origine du télégraphe Chappe,
deuxièmement, des motifs qui ont
obligé les quatre Chappe à quitter la
télégraphie, savoir :

Ignace Chappe et Pierre Chappe le
vingt-trois août dix-huit cent vingt-
trois, et René Chappe et Abraham
Chappe, dans le mois d'août dix-huit
cent trente, troisièmement, d'observations sur le télégraphe aérien, suivies
de notes sur l'essai d'un nouveau système de télégraphe qui pourroit peut-
être remplacer avantageusement le
télégraphe aérien et que l'on pourroit
nommer télégraphe acoustique ou télélogue.

Origine du Télégraphe Chappe.

Claude Chappe et ses quatre frères sont originaires du département du Cantal; mais il sont tous nés à Brûlon, département de la Sarthe. Leur père, mort en 1784 à Rouen, où il était directeur-général des domaines du roi, était le frère de l'abbé Chappe d'Auteroche, membre de l'académie des sciences, qui fut envoyé, sous le règne de Louis XV, en Sibérie pour observer le passage de Vénus sur le soleil, et, par suite, en Californie où il est mort, en 1779, victime de son zèle pour les sciences.

Claude Chappe, le cadet d'une famille assez nombreuse, étoit destiné à l'état ecclésiastique; et, avant l'âge de vingt ans, il obtint deux bénéfices, dont les revenus assez considérables lui fournissoient les moyens de se livrer tout entier à l'étude; il s'occupoit particulièrement de recherches sur l'électri-

cité ; on lui doit l'expérience des bul-
les de savon électrisées et remplies de
gaz inflammable que l'on fait détonner
dans l'atmosphère par leur contact, pour
imiter l'effet des nuages électriques et
prouver la théorie de la foudre par l'é-
lectricité.

La révolution l'arrêta dans ses travaux, il perdit ses bénéfices, quitta
Paris et vint à Brûlon dans sa famille,
où il trouva quatre de ses frères, dont
trois venoient aussi de perdre leurs
places.

Ce fut à cette époque (1790) que l'i-
dée lui vint d'une communication télégraphique qui pût mettre le gouvernement à même de transmettre ses ordres à une grande distance, dans le
moins de temps possible. Il en fit part à
ses frères.

Son idée parut, au premier moment,
être un rêve de son imagination ; mais,
il y persista et nous pria de le seconder.

La première expérience fut celle du

son, obtenu en frappant sur deux casseroles, et deux postes placés à quatre cents mètres l'un de l'autre furent mis en communication au moyen de deux pendules à secondes parfaitement en harmonie, dont les cadrans, divisés en dix parties, représentoient les dix chiffres de la numération, de manière que, lorsque l'aiguille d'un de ces cadrans était sur le chiffre que l'on vouloit indiquer, on faisoit entendre un son qui annonçoit, au poste correspondant, dont la pendule étoit en harmonie, que le chiffre indiqué par l'aiguille, au moment du son, était significatif.

Ce moyen de correspondance qui réussit fort bien avec deux postes, et qui pouvoit être très-utile dans une ville assiégée, en employant le feu au lieu du son, présentoit, avec un plus grand nombre de stations, des difficultés qui nous firent renoncer à ce système.

Quelque temps après, nous essayâmes l'électricité. Le cabinet que possédoit l'abbé Chappe, et que, par suite, il fut obligé de vendre pour subvenir aux dépenses qu'occasionnoient ses expériences télégraphiques, nous fournit les moyens de faire plusieurs essais à des distances plus ou moins grandes, qui n'offrirent que des résultats peu satisfaisants.

Il fallut donc imaginer autre chose; et, après différents essais, nous convînmes qu'au lieu du son nous emploierions la vue d'un objet qui, par son apparition et sa disparition, feroit connoître le moment où il faudroit marquer le chiffre indiqué par l'aiguille des deux pendules.

Nous fîmes faire, alors, deux tableaux de forme rectangle; chacun de ces tableaux étoit haut d'un mètre, soixante cinq centimètres, sur cent trente trois centimètres de large, et présentoit deux surfaces, l'une blanche et l'autre noire; il étoit fixé au haut d'un axe de quatre mètres élevé verticalement dans un grand chassis fait en charpente; l'axe pivotoit, de sorte que les surfaces paroissoient et disparoissoient à volonté ; ces deux tableaux furent nos premiers télégraphes bien différents de ceux qui existent maintenant.

L'un de ces télégraphes fut placé sur la plate-forme du château de Brûlon , département de la Sarthe , l'autre , sur la maison de M. Perrotin , située commune de Parcé, distante de quinze kilomètres de Brûlon , et , au moyen des deux pendules à secondes , dont nous nous étions déjà servis , nous fîmes de nouvelles expériences dont le succès nous donna l'espoir d'être utiles à notre pays.

A la première expérience, nous employâmes le son, et, à la seconde, nous employâmes l'apparition et disparition de la surface d'un rectangle pour indiquer le moment où l'aiguille des deux pendules, parfaitement en harmonie, étoit sur le nombre significatif. Les procès-verbaux qui furent faits sur les lieux, par les autorités, existent encore et sont entre les mains de la famille. Ces différentes expériences se firent dans l'espace de quinze mois. Elles exigèrent un travail opiniâtre et occasionnèrent des dépenses assez considérables qui furent partagées par la famille.

L'abbé Chappe, muni de ces procès-verbaux, vint à Paris vers la fin de 1791, et, après bien des peines et des démarches, il obtint la permission d'établir un télégraphe sur l'un des pavillons de la barrière de l'Etoile à gauche en sortant de Paris.

Deux de ses frères le secondèrent et firent long-temps des expériences qui, de jour en jour, obtenoient plus de succès. Mais un matin qu'ils se rendoient comme à l'ordinaire à leur télégraphe, ils s'aperçurent, à leur grand étonnement, que le télégraphe n'étoit plus sur le pavillon. Il avoit été enlevé

dans la nuit de manière qu'il n'en restoit pas un vestige.

Tel fut le rapport que fit le concierge
de la barrière qui ne voulut pas en
dire davantage. Nos travaux et nos dépenses furent perdus, et il fallut renoncer, pour le moment, à une découverte
qui nous avoit coûté beaucoup de peines,
et d'argent.

Six mois après cet événement, dont
les causes ne nous ont jamais été con-
nues, l'aîné des frères Chappe fut
nommé au corps législatif par le département de la Sarthe. L'abbé Chappe
que l'enlèvement mystérieux du télégraphe avoit déconcerté et qui auroit
peut-être abandonné sa découverte, s'il
n'avoit pensé que son frère, venant
d'être nommé député, pourroit lui
être de quelque utilité, revint à Paris,
où il fut autorisé à ériger un nouveau
télégraphe, dont la forme, qui n'étoit
pas encore celle de nos machines ac-

B

tuelles, a cependant servi de modèle au télégraphe Anglois.

Ce nouveau télégraphe, qui avoit cinq voyants, fut construit dans le parc de Menil-montant, avec la permission de M. Lepelletier de St.-Fargeau. Il coûta beaucoup à la famille, et les Chappe alloient y travailler tous les jours, lorsqu'un après-midi, comme ils entroient dans le parc, ils virent le jardinier de M. de St.-Fargeau, qui couroit au devant d'eux en leur criant de se sauver; qu'on avoit mis le feu au télégraphe, et que s'ils paroissoient, on les jeteroit au milieu des flammes. Ils retournèrent sur leurs pas, et ne pouvoient s'expliquer cet événement qui les consternoit.

Ce ne fut que le lendemain qu'ils apprirent qu'une populace effrénée s'étoit portée à ces actes de violence parce que l'on soupçonnoit que le télégraphe servoit à communiquer avec le roi qui étoit alors renfermé. C'est tout ce que purent nous apprendre des ouvriers qui avoient monté la charpente de ce poste d'essai.

Nous en fûmes donc encore, dans cette nouvelle expérience, pour nos dépenses, nos travaux et nos peines.

Mais l'abbé Chappe, plus persévérant que ses frères dans la réussite d'une découverte dont il avoit donné l'idée, ne se découragea pas. Il demanda de l'argent à sa famille, qui fit de nouveaux efforts pour lui en procurer ; et, par l'entremise de son frère, qui étoit membre du comité d'instruction publique, il obtint, pour la troisième fois, la permission de faire des expériences.

Il établit trois postes, dont l'un fut placé à Ménil-montant, l'autre à Ecouen, distant de deux myriamètres de Paris, et le troisième à St.-Martin-du-Tertre, distant de quinze kilomètres d'Ecouen. Ce fut dans cette circonstance qu'après beaucoup d'essais nous arrêtâmes la forme du télégraphe, tel qu'il est maintenant à l'extérieur ; forme élégante et simple qui ne pourra jamais être changée qu'au détriment de la télégraphie.

Ces trois télégraphes furent établis après plusieurs mois de travaux ; et, lorsque nous fûmes exercés à leur manœuvre, et que nous eûmes fait passer beaucoup de correspondances de cent à cent-cinquante mots, nous demandâmes au gouvernement qu'il nommât des commissaires pour s'assurer du résultat de cette découverte : ces commissaires furent MM. Daunou, Arbogast et Lakanal membres de la Convention, qui, prévenus contre un moyen de correspondance dont les effets paraissoient extraordinaires, ne purent se défendre de témoigner leur surprise en voyant avec quelle facilité et quelle promptitude nous transmettions à 3 myriamètres 5 kilomètres de distance les dépêches qu'ils nous donnaient.

MM. Daunou, Lakanal et Abraham Chappe, qui étaient à Saint-Martin, l'un des postes extrêmes, y restèrent trois jours, et, pendant ce temps, M. Arbogast et plusieurs autres membres de la convention se trouvoient à Menilmontant avec l'abbé Chappe. A leur retour à Paris, les commissions réunies firent un rapport qui détermina le gouvernement à ordonner l'établissement d'une ligne télégraphique de Paris à Lille.

Cette ligne fut établie, mais il est impossible de se faire une juste idée des difficultés que présentèrent son établissement et son organisation, combien d'activité, de fatigues et de ressources il a fallu employer pour aplanir les obstacles imprévus qui se reproduisoient sans cesse dans un travail inconnu jusqu'alors.

Toutes les difficultés que donna cet établissement ne furent vaincues que par un zèle, un accord et une persévérance qui ne pouvoient se rencontrer que dans une famille intéressée toute

entière aux succès d'une invention dont
tout l'honneur lui appartenoit.

Après avoir lu cette notice, qui est
l'exacte vérité de tous les essais que les
Chappe ont faits, et de toutes les peines qu'ils se sont données, est-on fondé
à dire qu'ils ne sont pas les inventeurs
du télégraphe? l'abbé Chappe n'est pas,
assurément, le premier à avoir eu l'i-
dée de la possibilité de communiquer,
par le moyen de signaux, à une grande
distance, personne ne le conteste; la
marine depuis des siècles n'emploie-t-
elle pas des signaux pour ses manœuvres, et Ignace Chappe, dans son histoire de la Télégraphie (page 17), loin
de dissimuler tout ce qui a été fait précédemment, a fait connaître avec une
rare franchise tous les différents signaux
qui ont été employés à différentes époques, et les essais qui ont été faits; mais
avec tous ces télégraphes on ne pou-
vait transmettre que des événements
prévus. Amontons, seul, paroît avoir

voulu, au moyen des lettres de l'alphabet, transmettre toutes espèces d'idées, et, si des essais ont été véritablement faits, on ignore la forme du télégraphe dont il s'est servi ; d'ailleurs, il n'est personne qui ne puisse facilement établir, avec deux postes seulement, une correspondance télégraphique; mais lors, qu'il s'agit de correspondre à cinquante ou cent myriamètres (1), c'est toute autre chose. Les Chappe sont les premiers à avoir établi de longues lignes télégraphiques avec lesquelles on a pu transmettre toutes espèces d'idées, avec une célérité inconnue jusqu'alors, et s'ils eussent connu des moyens employés avant eux pour communiquer à une aussi grande distance et en si peu de temps, ils n'eussent pas fait tant d'essais, dépensé tant d'argent à chercher la forme la plus convenable à donner au télégraphe. On ne peut pas plus contester aux Chappe l'invention du télégraphe, qu'on ne serait en droit de contester l'invention de la direction du ballon à celui qui la trouverait, maintenant, quoiqu'un grand nombre de personnes aient dit qu'il étoit possible de la trouver et que de courageux savants aient fait des voyages aériens au gré des vents.

Motif pour lequel Ignace Chappe et Pierre Chappe se sont retirés de la télégraphie, et ont demandé leur retraite.

Lorsque l'abbé Chappe mourut, ses deux frères, Ignace, et Pierre Chappe, qui étoient ses adjoints, furent nommés administrateurs; cette organisation tout à fait vicieuse aurait pu nuire au développement et au perfectionnement de la télégraphie, si les quatre frères qui y étaient employés n'eussent été unis et n'eussent eu le même intérêt au succès de cette découverte; mais leur accord étant parfait, toutes les mesures et améliorations que l'expérience faisoit

connoître nécessaires, à leur deux frères
qui étoient employés à construire et à
organiser les lignes, s'exécutoient sans
obstacle; le secret des dépêches était
bien gardé, car les quatre frères étoient
responsables au même degré de la moindre indiscrétion, et si l'un d'eux eût été
soupçonné, ils eussent perdu tous les
quatre la confiance du gouvernement;
leur intérêt commun avait donc été
pendant trente ans un sûr garant pour les
gouvernements qui s'étoient succédés :
mais sous le règne de Charles X, en
1823, M. de Corbière, ministre de l'intérieur, désirant donner une place à
l'un de ses protégés, nomma, sans aucune espèce de nécessité, un troisième
administrateur dans une administration où il devroit n'y en avoir qu'un
seul, si le gouvernement connaissoit
quelque chose à la télégraphie.

Les deux administrateurs furent si
péniblement affectés de cette mesure,
qu'ils se rendirent sur-le-champ chez

M. de Corbière, pour lui faire connoître l'injustice que l'on commettoit à l'é-
gard de leurs deux plus jeunes frères;
et ils demandèrent leur retraite avec
leur traitement intégrale, ainsi que
notre nomination à leurs places, afin
que nous ne devinssions pas les subor-
donnés d'un étranger dans une partie,
au perfectionnement de laquelle nous
avions coopéré comme eux. Le ministre
qui reconnut qu'il avait agi, dans cette
circonstance, avec plus d'autorité que
de justice, accepta cette proposition
avec empressement et presque avec re-
connaissance; et il donna pour motifs à
la retraite des deux anciens administrateurs, leur âge et leurs infirmités;
mais ces motifs n'étoient qu'un prétexte, puisque le troisième administrateur qu'il venoit de nommer, avoit six
ans de plus que l'un d'eux et étoit im-
potent; il étoit, d'ailleurs, tout-à-fait
étranger à la partie où on le plaçoit.
René Chappe et Abraham Chappe fu-

rent donc nommés administrateurs en remplacement de leurs frères ; mais le gouvernement, toujours injuste à leur égard, exigea que l'administrateur qu'il venoit de nommer fût porté sur les états comme premier administrateur, de sorte que deux Chappe, frères de l'inventeur du télégraphe, qui, depuis trente-huit ans, n'avoient cessé de travailler au perfectionnement de la télégraphie étoient, l'un, le deuxième administrateur, et l'autre le troisième. Le ministre en nous mettant à la suite d'un étranger qui ne pouvoit rien faire ni rien ordonner ne faisoit que des mécontents ; aussi, je ne crains pas de le dire, si, après la manière dont il venoit d'agir envers nous, j'ai continué à faire mon service avec un zèle qui ne s'est jamais démenti et que peu d'employés en télégraphie ont eu comme moi, ce n'est pas par amour pour le gouvernement d'alors, qui nous abreuvoit de dégoûts ; mais parce que j'avois avec mes frères tout créé dans cette partie, et que je désirois profiter de mon expérience pour rendre le télégraphe, dont l'invention honoroit mon nom, de plus en plus utile, et laisser à mon fils un nom auquel on ne pût rien reprocher; de sorte que René Chappe servoit le gouvernement avec zèle par amour pour la légitimité qui, selon lui, assure la tranquillité d'un pays, et moi parce que j'ai l'intime conviction qu'un homme que le gouvernement emploie et solde doit toujours, *quand même*, le servir avec zèle et honneur ou bien se retirer.

Deux Chappe restoient donc de cinq frères qui tous avoient été employés dans la télégraphie depuis dix-sept-cent-quatre-vingt-dix et qui tous avoient contribué, pendant trente-huit ans, au perfectionnement d'une partie qui n'étoit connue de personne avant eux: ces deux Chappe ont été destitués à la révolution de juillet.

René Chappe, parce qu'il refusa éner-

giquement de faire passer, par le télégraphe, les dépêches que le gouvernement provisoire du vingt-neuf juillet lui
envoya ; il eut la bonhomie de croire
qu'ayant juré fidélité au gouvernement
de Charles X, il ne pouvoit enfreindre
ce serment sans manquer à l'honneur ;
comme si un très grand nombre de no-
tabilités du jour, se croyoient moins ho-
norables pour avoir juré fidélité à tous les
gouvernements qui se sont succédés , et
moi, Abraham Chappe, le plus jeune des
cinq frères, je ne fus pas destitué pour la
même raison , vu que je n'étois pas à
Paris lors de la révolution de juillet ;
mais je le fus sur l'indication de M.
M......., député de la Meurthe, très en
crédit près le gouvernement provisoire ;
probablement que ce député jugea qu'il
falloit me faire destituer comme mon
frère, pour avoir ma place ; aussi, après
la destitution des deux Chappe, se fit-il
nommer commissaire du gouvernement
provisoire, chargé en chef de l'admi-

nistration télégraphique. René Chappe, après la réponse énergique faite à l'envoyé du gouvernement provisoire, crut qu'il n'était pas prudent à lui de rester à l'hôtel du télégraphe; en conséquence il cacha le vocabulaire et partit de Paris pour venir me rejoindre à ma campagne, située à une lieue du Mans, où j'étais depuis le 21 juillet. Il y arriva le 30 du même mois, à quatre heures du soir, la tête encore toute bouleversée des événements dont il venoit d'être témoin. Il me fit le récit de ce qui lui étoit arrivé : je lui témoignai le regret que j'avois qu'un Chappe ne fût pas à Paris dans une circonstance semblable, et je lui dis que j'allois partir pour m'y rendre. En effet, j'envoyai aussitôt au Mans commander des chevaux de poste pour le lendemain, et j'arrivai le premier août à l'administration télégraphique, à cinq heures du matin; je montai sur-le-champ au cabinet des dépêches où je trouvai le traducteur qui

m'apprit que M......ℳ..... était nommé
par le gouvernement provisoire , commissaire chargé en chef de l'administration télégraphique , et que j'étais
destitué , ce qui me surprit beaucoup.
car je n'avois rien fait pour mériter
de l'être , et cependant je ne pus en
douter , après l'avoir lu dans le mo-
niteur. J'attendis néanmoins M. M.....
au cabinet des dépêches , qui fut
assez surpris de m'y trouver ; il s'était
probablement déjà flatté qu'après avoir
fait destituer les deux derniers des
Chappe , il jouiroit tranquillement de
leur succession. Je lui dis qu'ayant
appris , par mon frère , tous les événements qui étoient arrivés à Paris , je
m'étois empressé de venir reprendre
mes fonctions ; il ne me répondit rien ,
mais un instant après il me fit connoître qu'il désiroit avoir un entretien
avec moi; je le conduisis dans ma chambre et là il me dit que je n'ignorois probablement pas la conduite que mon frère

avoit tenue, et, qu'après cela, il ne
pouvoit me laisser reprendre mes fonctions, sans que, préalablement je fisse
le serment d'être fidèle au nouveau
gouvernement, et de faire transmettre,
par le télégraphe, toutes les dépêches
qu'il m'enverrait, je fis ce serment
ainsi que j'en avois déjà fait dix depuis mil sept-cent quatre-vingt treize.
Je crus alors que j'allais reprendre mes
fonctions, et que M. le commissaire alloit
me laisser faire mon service, il n'en
fut point ainsi; il savoit très-bien que
la destitution de mon frère laissoit une
place d'aministrateur vacante, il con-
tinua donc à venir au cabinet des dépêches, comme si sa présence y eût
été nécessaire et à donner des ordres
comme si je ne fusse pas présent, il ne
manquoit pas, par exemple, de venir
tous les soirs pour signer le bulletin
des dépêches, parvenues dans la journée,
qu'il portoit souvent lui-même au pa-
lais-royal, cela lui donnoit l'occasion

de faire connoître son utilité dans la télégraphie et comme ses occupations se
bornoient à peu près aux fonctions
d'ordonnance, il trouvoit le temps, dans
la journée, d'aller chez le frère de M. Gui-
zot, ministre de l'intérieur, et chez
M. Bérard, alors directeur des ponts-et-
chaussées, dire tout le bien possible de
moi, surtout lorsqu'il sut que je m'étois
prononcé d'une manière très-peu favorable à la proposition qu'une personne,
dont il étoit parfaitement connu, me fit
de l'avoir pour collègue, en remplacement de mon frère; cette proposition me
révolta avec d'autant plus de raison, qu'il
me parut que ce commissaire ne l'avoit
fait destituer que pour avoir sa place : Je
ne pouvois, d'ailleurs, me faire à l'idée
qu'une personne qui ne connoissoit pas
L'A, B, C, de la télégraphie, pût être administrateur de cette partie, à moins que
ce ne fût comme sinécure; la suite m'a
cependant prouvé le contraire, car monsieur le commissaire, voyant qu'il ne

c

pouvoit pas être mon collègue avec mon
assentiment et sachant que je me plai-
gnois souvent au roi de son inutilité
à l'adminsitration, et d'une surveillance
que mes antécédents ne pouvoient justifier, changea de batterie, pour parvenir au but où il désiroit probablement
arriver ; il alloit, tantôt au ministère
de l'intérieur, me dépeindre comme un
despote dans mon administration, en
disant que j'exigeois des inspecteurs un
service tres-pénible et tout-à-fait inu-
tile, comme s'il eût été en état d'en
juger, et mille autres choses, dont je
ne me souviens pas maintenant, mais
qui me furent rapportées immédiatement par un député qui avait tout entendu ; tantôt il alloit chez M. Bérard,
directeur des ponts-et-chaussées, dont
l'administration télégraphique n'avoit
dépendu, jusqu'à ce jour, que pour la
comptabilité des sommes allouées à
l'entretien des lignes télégraphiques ;
il lui parloit de mon despotisme, dont

les mauvais inspecteurs seuls pouvoient se plaindre, et il l'engageoit à me retirer le personnel de l'administration. M. Bérard, qui n'entendoit rien à la télégraphie, et qui étoit dans cette circonstance, sans s'en douter, l'instrument de M. le commissaire, me pria de passer chez lui ; je m'y rendis, et, après m'avoir parlé de la conduite de mon frère, que le gouvernement actuel ne trouveroit peut-être pas aussi blâmable aujourd'hui qu'elle le fut au 29 juillet 18**, il me dit qu'il vouloit éviter que de semblables scènes se renouvellassent, et que, puisqu'il avoit la responsabilité, il falloit qu'il fît un choix d'employés sur lesquels il pût compter, comme si un directeur des ponts-et-chaussées pouvoit être responsable de quelque chose dans une partie où il n'entend rien du tout, dans l'acception du mot, et où les chefs de l'administration n'ont aucun ordre à recevoir de lui, pour ce qui concerne

les dépêches , le passage des signaux
et l'organisation des lignes. L'administration ne lui doit que le compte de
l'emploi des fonds. L'autorité des directeurs des ponts-et-chaussées , dans
une administration qu'ils ne connaissent
pas du tout, ne peut être que très-nuisi-
ble, et aujourd'hui que je ne suis plus
employé, et qu'on ne peut pas me supposer un intérêt personnel , j'affirme
qu'il est dans l'intérêt de la télégraphie
de laisser aux administrateurs la nomination de tous les employés de cette
partie , dont beaucoup sont à deux
cents lieues de Paris.

L'administration télégraphique doit
pouvoir frapper, instantanément et sans
appel , un directeur ou un inspecteur,
qui , par incapacité ou mauvais vouloir,
entravent un service, souvent très-im-
portant, qui exige une très-grande surveillance et une prompte exécution. Les
Chappe avoient ce pouvoir , et cependant , pendant trente-neuf ans qu'ils

ont eu le personnel, ils n'ont pas destitué un seul directeur ; ils ont plutôt
lutté, lors des changements de gouvernement, contre plusieurs députés qui
vouloient faire destituer des directeurs
du télégraphe, sous prétexte d'opinions libérales ou royalistes ; cela dé-
pendoit du vent qui souffloit, et cela,
pour faire donner leurs places à des
personnes qu'ils protégeoient ; mais,
comme nous avions le personnel, et que
nous savions bien que les directeurs
dont ils se plaignoient étoient de très-
bons employés, nous ne nous prêtions
pas à leurs desseins; quant aux inspecteurs, trois ou quatre ont été renvoyés,
pour cause de retard dans le paiement
du traitement dû aux stationnaires,
et un seul, pour négligence dans son
service et insubordination, laquelle
insubordination ne venoit que de ce
qu'il s'étoit persuadé que nous n'avions
pas le droit de le destituer, et que des
personnes en crédit sauroient bien le

faire rentrer dans la partie. Voilà donc
le despotisme des Chappe , pendant 39
ans, dans une partie qu'ils ont créée, où
la plus grande surveillance et une juste
sévérité sont indispensables, si l'on veut
que le télégraphe soit utile.

Je répondis à M. le directeur , qui
vouloit s'emparer du personnel , qu'il
étoit nécessaire que tous les employés
du télégraphe dépendissent de moi,qu'il
falloit que mon autorité sur euxleurlais-
sât craindre d'être punis de leur négligence , sans qu'ils pussent en rappeler;
que d'ailleurs , il ne pouvoit ni les connoître , ni les juger ; que le chef de
l'administration étoit le seul compé-
tent pour juger leur droit à l'avance-
ment; que, depuis 39 ans , les Chappe en
agissoient ainsi;que la télégraphie et tous
les gouvernements qui s'étoient succédés, depuis 1793, s'en étoient très-bien
trouvés jusqu'à ce jour. (*Voir l'Histoire
de la Télégraphie , note 6, page* 231).

M. le directeur me répondit que je

lui présenterois les sujets ; alors , je
crus qu'il ne s'agissoit plus que de déli-
vrer une commission dans le nom du
roi , au lieu de l'être dans le nom
des Chappe , et je me retirai pour
continuer à faire mon service ; mais
trois ou quatre jours après cet entretien , M. le directeur m'écrivit une lettre complètement confidentielle , pour
me demander des renseignemens sur
les opinions politiques de tous les employés de la télégraphie et leurs capa-
cités. Je lui répondis la lettre suivante :

Monsieur le Directeur,

Je m'empresse de répondre à votre
lettre complètement confidentielle du
19 de ce mois , avec la franchise d'un
homme d'honneur. Je puis assurer qu'il
n'y a pas un seul des Directeurs du télégraphe qui ne regarde comme un devoir de servir le roi et son gouvernement avec zèle, honneur et fidélité.
Le serment qu'ils viennent tous de faire

est une nouvelle garantie de ce que j'annonce.

« Quant aux Inspecteurs, je ne connois point leur opinion politique ; je ne me suis jamais trouvé, soit chez moi , soit ailleurs avec ceux qui habitent Paris , et je n'ai pas vu ceux des départements depuis quinze à vingt-ans ; d'ailleurs je ne m'occupe des Inspecteurs que pour savoir s'ils exécutent les ordres de l'administration, s'ils surveillent les stationnaires qui sont immédiatement sous leurs ordres , s'ils sont justes envers eux et si les signaux passent correctement sur leur division.

« La capacité de ces deux classes d'employés est appropriée , autant que possible, à l'importance de la place qui leur est confiée et comme vous avez eu la bonté de me marquer, dans votre lettre du 15 de ce mois, que vous me demanderiez ma proposition sur les emplois qui deviendroient vacants , vous pouvez être persuadé, M. le Directeur, que je ne vous présenterai pour candidats à ces emplois que des sujets qui y auront des droits et que je saurai capable de les remplir avec intelligence et dévoue- ment.

« Le roi doit en être d'autant plus con- vaincu que je suis intéressé plus que per- sonne à ces choix, puisqu'il n'y a de res- ponsabilité réelle que pour le chef de l'administration chargé du passage des dépêches, et, sous tous les rapports, sa Majesté n'ignore pas qu'elle peut comp- ter sur mon dévouement et sur une expé- rience de trente-neuf ans dans cette partie.

« Il me reste à parler des employés des bureaux, je leur donne des ordres qu'ils exécutent ponctuellement et je ne les ai jamais entendu parler politique ; je ne souffrirois pas qu'ils s'en entretins- sent dans les bureaux. »

Le vingt-trois septembre dix-huit cent trente, M. Bérard, directeur des ponts-et-chaussés, m'écrivit qu'il craignoit que je ne me fusse mépris sur le sens de sa lettre, qu'il n'entendoit pas exercer sur les employés de la télégraphie une surveillance indirecte sur les nominations et même sur les mutations des employés télégraphiques, qu'il entendoit prendre la responsabilité toute entière de ses actes, et que, pour cela même, il vouloit faire les nominations en pleine connoissance de cause.

Après une explication si précise, je ne doutai plus que l'intention de M. le Directeur des ponts-et-chaussées ne fût de faire de moi son commis, et le délateur secret des employés de la télégraphie, que les Chappe avoient tous nommés et et dont plusieurs étoient leurs parents; aussi, dès ce moment, je cessai toute correspondance avec ce directeur et j'adressai à chacun des Ministres une lettre par laquelle je faisois connoître que lorsque mon frère fit hommage à la France de son ingénieuse invention, il demanda à choisir les employés auxquels il devoit com-

muniquer ses moyens, que cette demande parut juste et qu'on la lui accorda, que
depuis trente neuf ans les Chappe avoient
toujours nommé les employés sous leurs
ordres, que la télégraphie s'en étoit très-
bien trouvée et que tous les gourverne-
ments qui s'étoient succédés n'avoient
jamais eu à s'en plaindre; qu'il étoit indispensable que les Chappe, dont beaucoup
d'employés étoient à deux cents lieues
plus ou moins loin, conservassent sur eux
une autorité qui pût leur faire craindre
d'être punis à l'instant sans appel; que
cette autorité leur étoit d'autant plus
nécessaire, que, dans une partie encore
toute nouvelle, où l'expérience donne
lieu, à chaque instant, à des mesures qui
contrarient très-souvent les employés,
il seroit impossible de les mettre à
exécution, si ces employés n'étoient pas
très-persuadés que le chef de l'administration eut le droit de les destituer sur-le-
champ, et que j'étois tellement persuadé
de la nécessité d'une autorité absolue sur

tous les employés de la télégraphie, que
si le Conseil des ministres en jugeoit autrement, je le priois de vouloir bien m'ac-
corder ma retraite avec mon traitement
intégral, comme cela avoit eu lieu pour
mes frères. J'adressai copie de cette lettre à M. le directeur, qui voyant que je ne
voulois pas reconnoître l'autorité qu'il
avoit l'intention de s'attribuer sur l'administration télégraphique , profita du
droit qu'il avoit d'entrer au conseil, où il
avoit alors du crédit, pour appuyer des
prétentions d'autant plus extraordinaires de sa part, que MM. Molé, Montalivet,
Crétet et Béquet, qui tous avoient été à la
tête des ponts-et-chaussées, ne s'étoient
jamais cru responsables des employés
de la télégraphie , qui ne pouvoient recevoir des ordres que des Administrateurs, seuls responsables des dépêches,
et qui, par conséquent, devoient mettre
tous leurs soins dans le choix d'employés sur lesquels ils pussent morale-
ment compter , et qui leur offrissent

quelques garanties, par leurs antécédents, sur leur moralité et leur aptitude : en effet, des employés qui n'avoient de correspondance qu'avec les administrateurs du télégraphe, qui ne recevoient des instructions que des administrateurs du télégraphe, qui n'avoient d'ordre à recevoir que des administrateurs du télégraphe, pouvoient-ils être choisis par un directeur des ponts-et-chaussées, place très-amovible? comme l'a vu M. Bérard, et qui étoit occupée par des personnes qui ne connoissoient la télégraphie que pour en avoir entendu parler.

M. Bérard prétend vouloir justifier la prétention qu'il a de s'emparer du personnel de l'administration télégraphique, sur ce qu'il appelle sa responsablité ; mais qu'entend-t-il par sa responsabilité? responsable de quoi? est - ce de la moralité des employés, de leur opinion politique, de leur instruction, de leur capacité et de leur exactitude dans le service ? Par exemple, dans la position où je me suis trouvé à Brest, quelle auroit pu être la responsabilité de M. Bérard ?

Avant que l'amiral Bruix, ministre de la marine, arrivât à Brest, en l'an 7, pour commander l'escadre destinée à aller à Carthagène, se réunir à l'escadre espagnole, pour ensuite l'amener à Brest, on signaloit depuis plusieurs jours, devant la rade de Brest, une escadre anglaise, composée de 15 bâtiments; et comme les forces qui étoient à Brest étoient à peu près les mêmes, le gouvernement donna l'ordre à l'amiral Bruix, avant son départ de Paris, d'attaquer l'escadre anglaise, dans le cas où il se verrait suivi par elle ; rien jusque-là qui ne soit très-naturel; mais, pendant le voyage de l'amiral, pour se rendre de Paris à Brest, on signala, en vue de Brest, l'apparition d'une seconde escadre anglaise, composée également de quinze bâtiments, de sorte que

l'amiral, qui, avant de partir de Paris,
avoit reçu l'ordre de sortir de la rade
et d'attaquer l'escadre anglaise, composée seulement de quinze bâtiments,
crut, avec assez de raison, que les
forces des Anglais étant doublées depuis son départ de Paris, il devoit attendre de nouveaux ordres ; en conséquence, il donna connaissance, par le
télégraphe, au gouvernement, de l'augmentation des forces anglaises, et demanda ce qu'il devoit faire ; il lui fut
répondu, par le télégraphe, qu'il devoit
également sortir, et que, dans le cas où
il s'apercevroit que l'une des escadres
le suivît, il falloit qu'il l'attaquât. J'envoyai sur-le-champ cette dépêche télégraphique à l'amiral, et je la signai :
Abraham Chappe. A peine l'eus-je ex-
pédiée, que, jugeant toute son importance, je restai immobile pendant plus
de dix minutes, et je me rendis chez
l'amiral, le visage couvert de sueur,
et lui fis part des craintes que j'éprou-

vois, en le priant de vouloir bien attendre jusqu'au lendemain pour faire
sortir l'escadre.

L'amiral, qui eut, en quelque façon,
pitié de ma position et de mon âge, me
dit que les vents ne lui permettant pas
de sortir, il n'appareilleroit pas, probablement, cette nuit : heureusement, le
lendemain matin, il fit un très-beau
temps, et je pus demander à Paris la
répétition de la dépêche qui confirma
celle que j'avois reçu la veille.

Je la communiquai de nouveau à
l'amiral, qui, depuis ce temps, me témoi-
gna, dans toutes les occasions que j'ai
eues de le revoir, soit à Paris, soit à
Boulogne, de l'amitié et beaucoup de
confiance.

Si, dans cette dépêche, il y avoit eu
erreur ou mauvais vouloir, est-ce M.
Bérard qui eût été responsable ? Ne
sont-ce pas les Chappe qui en auraient
supporté toutes les conséquences ? J'ai
cité cette circonstance, parce qu'elle

m'est personnelle ; mais combien d'autres dépêches importantes ont pu inspi-
rer de semblables craintes aux Chappe
et aux directeurs en province. Cette
prétendue responsabilité, que ne pouvoit avoir M. Bérard, sous aucun rapport, n'étoit qu'un prétexte, et en
voulant faire de moi son commis et un
délateur, il n'avoit d'autres intentions
que de me dégoûter de ma place, pour
la donner à celui ou à ceux qui la con-
convoitoient. (2)

Le 15 septembre 1830, je reçus une
lettre qui m'annonçoit que ma retraite
m'étoit accordée : des ministres nouveaux qui ne connoissoient pas plus la
télégraphie que leurs prédécesseurs,
avoient cru devoir céder aux exigences
de M. Bérard.

Quelque jours après, j'appris que
M. M..., commissaire du gouvernement
provisoire et député de la Meurthe, étoit
mon successeur. Je n'avois donc plus
rien à faire qu'à demander si ma re-

D

traité étoit telle que j'avois prié qu'on me l'accordât ; et, pour cela, je m'adressai à un député de la Mayenne, qui fut le demander à M. Dupin, alors ministre à portefeuille, qui avoit assisté au conseil ; ce député lui répondit qu'elle m'avoit été accordée, telle que je l'avais demandée ; M. de Rumigny, alors député de la Somme, eut aussi la bonté de le demander à M. Bérard, qui lui répondit la même chose ; ce directeur pouvoit en effet l'affirmer ; car, dans le seul entretien que j'ai eu avec lui, je le priai de me dire si, dans le cas où je demanderois ma retraite, elle me seroit accordée avec mon traitement intégral, comme cela avoit eu lieu pour mes frères. Il me répondit que le gouvernement de Philippe Ier, qui se piquoit d'être *au moins aussi juste* que celui de Charles X, m'accorderoit ma retraite comme à mes frères, si je la demandois ; ce sont ses propres expressions, et cependant je n'ai eu pour retraite

que celle qui m'étoit légalement due ,
et que l'on ne pouvoit me refuser.

Les personnes qui liront cet ouvrage
jugeront si les Chappe , qui avoient dépensé beaucoup d'argent pour leurs expériences, et qui avoient fait hommage
à la France de leur ingénieuse découverte, méritoient, après avoir employé
quarante années à perfectionner la télégraphie, et la rendre de plus en plus
utile , que le gouvernement de juillet
se conduisît ainsi à leur égard.

Il est vrai que René Chappe refusa
très-énergiquement , le 29 juillet 1830,
de transmettre, par le télégraphe, les dépêches du gouvernement provisoire qui
le destitua ; mais qu'avoit-on à me reprocher à moi , qui étois parti de
Paris , le 20 juillet , pour aller près de
ma femme , malade au Mans , et qui,
aussitôt que j'eus appris , par mon
frère , les événements qui venoient
d'avoir lieu , me rendis sur-le-champ
à Paris, afin de reprendre mon service.

Croyant que mes affaires d'intérêt
étoient terminées, ainsi que je l'avois
demandé, je me disposai à retourner
au Mans, mais avant, j'écrivis la lettre
suivante au roi.

SIRE,

« Je regrette que le conseil des ministres ait cru devoir céder aux injustes
prétentions de M. Bérard ; je le regrette
d'autant plus que je me proposois de
mettre à exécution une amélioration
très-avantageuse pour la télégraphie ;
mais, persuadé qu'il ne me seroit plus
possible de rien faire sans éprouver des
contradictions de la part des employés
sous mes ordres, je me trouve forcé
d'abandonner à un étranger le télégraphe que les Chappe ont créé et dirigé
pendant 39 ans. »

Cette dernière lettre fait connoître
que lorsque M. Bérard, par ses prétentions, me mit dans la nécessité de de-

mander au gouvernement qu'on me
laissât le personnel de l'administration,
que les Chappe avoient depuis l'origine
de la télégraphie, ou que l'on me donnât
ma retraite, je m'occupois d'amélioration dans la télégraphie ; cette amélioration étoit relative aux vocabulaires,
de la composition desquels mes frères
avoient toujours été chargés, pendant
que je m'occupois de l'établissement des
lignes, et de leur organisation.

À l'origine de la télégraphie, nous
nous servîmes d'un vocabulaire contenant 9,999 mots, représentés chacun
par un nombre depuis 1 jusqu'à 9,999,
ce qui exigeoit souvent quatre signaux
pour un mot, sans y comprendre le signal indicatif de la terminaison de chaque mot, c'est avec ce vocabulaire que
toutes les dépêches télégraphiques envoyées de Paris à Lille et à Strasbourg
ont été composées en 1793, 94, 95 :
Ces moyens étoient peu propres à faire espérer aux Chappe des résultats aussi

avantageux que ceux qu'ils ont obtenus
depuis. La quantité de signaux, qu'il fal-
lait pour la traduction des dépêches, ne
leur permettoit pas de transmettre la
moitié de celles qui leur étaient envoyées,
car si le premier signal d'une dépêche
parvient très-promptement à une grande
distance, il n'en faut pas moins beaucoup de temps pour faire passer à sa
distination une dépêche composée de
deux cents signaux, dont chaque signal
exige que chaque télégraphe fasse deux
mouvements; que l'on calcule maintenant, et l'on verra que sur une ligne
composée de cent vingt télégraphes, il
se fait quarante-huit mille mouvements,
avant qu'une dépêche de deux cents signaux soit entièrement parvenue à sa
destination; il est vrai que lorsque le
temps est beau et que les brouillards ou
les titillations de l'atmosphère, causées
par les vapeurs qui émanent de la terre
ne sont pas un obstacle à la visibilité,
le premier signal de la correspondance

ne doit mettre que dix à douze minutes,
pour arriver directement, de Paris à
Toulon, mais si l'on suppose une correspondance suivie et directe de Paris à
Toulon, sans que les signaux soient ar-
rêtés à Lyon, il n'arrive communé-
ment à Toulon qu'un signal par minute.

Lorsque chacun des cent vingt télégraphes est pourvu d'un signal, la correspondance est sensée avoir lieu de
Toulon avec son poste correspondant,
qui en est éloigné d'une lieue, et qui
doit lui donner un nouveau signal aussitôt qu'il a vu que Toulon a pris celui
qu'il lui a présenté, ainsi de suite jusqu'à la fin des deux cents signaux; mais
pour qu'il puisse lui présenter un nouveau signal, il faut qu'il l'ait reçu de
son correspondant, et lorsqu'un signal
doit passer par cent vingt postes où se
trouvent des employés, plus ou moins
actifs, plus ou moins exacts, ou que
l'atmosphère n'est pas favorable à l'ob-

servation, ou que des brouillards qui souvent ont lieu, alternativement, sur tous
les télégraphes, il y a, quelquefois, entre
chaque signal, un intervalle de 2, 4, 6 et
10 minutes et quelquefois 1, 2, 3, et 4
heures ; d'autres fois la dépêche passe à
moitié, et il faut attendre plus ou moins
long-temps pour recevoir la fin ; enfin,
je puis assurer que la moitié des dépêches envoyées par les ministres ou par
des autorités en province, restent dans
les cartons, ou ne parviennent à leur
destination que 4, 6, 12 et 24 heures
après qu'elles ont été remises aux administrateurs à Paris ou aux directeurs en
province; par exemple, je suis presque
certain que, lors des derniers événements
qui ont eu lieu en Afrique et qui ont dû
exiger une correspondance très-active
de Paris à Toulon et de Toulon à Paris,
plus de la moitié des dépêches, qui auraient dû être transmises par le télégraphe, ont été expédiées par la poste
ou par courriers extraordinaires. Je

sais que l'on peut m'objecter que je ne
pourrois jamais faire passer les signaux,
lorsque des brouillards, des pluies ou
autres obstacles empêcheroient la communication. Cela est vrai, mais j'en con-
cluerai que, plus les obstacles qui s'oppo-
sent au passage des signaux sont nombreux, plus il est important pour la télégraphie de diminuer le temps que l'on
met maintenant pour faire passer une
dépêche, car moins on mettra de temps
à faire passer une dépêche, plus on sera
assuré qu'elle passera à sa destination et
plus on pourra faire passer de dépêches
dans un jour; ce que les Chappe compri-
rent aussitôt que la ligne de Lille mar-
cha, et, en mille sept cent quatre-vingt-
seize ou en mille sept cent quatre-vingt-
dix-sept, ils adoptèrent la numération
qui existe encore aujourd'hui (*); elle
diminua d'un tiers le temps qu'on
employoit précédemment pour le passage d'une dépêche, puisqu'au lieu de
4, 6, 8 et 10 mouvements que chaque

télégraphe était obligé de faire pour rendre un mot, il n'en faut plus que 3, 4,
6 et 7. Ce fut alors une grande amélioration; mais elle était loin de répondre
au besoin du service; aussi les Chappe,
pendant qu'ils ont été dans la télégraphie, n'ont cessé de chercher les moyens
de diminuer le nombre des mouvements
que le télégraphe est obligé de faire,
pour exprimer un membre de phrase;
tous leurs efforts et ceux des employés
qui se sont occupés de cet objet, ont été
inutiles. Convaincu du service que je
rendrois à la télégraphie en abrégeant
le temps nécessaire pour le passage d'une
dépêche, et mû par le désir qu'un Chappe
doit avoir de perfectionner une invention qui honore son nom, je travaillai
aussitôt que ma place d'administrateur
m'eut fixé à Paris au moyen de parvenir à ce but; mais, dès le moment que
l'on m'eut obligé à demander ma retraite, je ne m'en occupai plus et je ne
m'en serois probablement jamais oc

cupé, si je n'avois lu dans les journaux
que l'on faisoit, sur l'une des tours de
Saint-Sulpice, l'essai d'un nouveau système de télégraphe, dont les résultats
devaient bientôt faire oublier le télégraphe Chappe. Croyant alors que l'intention de MM. les administrateurs, en
ajoutant une quatrième pièce au télégraphe, étoit d'augmenter le nombre
des signaux primitifs, afin de diminuer
le temps nécessaire pour le passage d'une
dépêche, je repris mon travail par le
moyen duquel j'étois persuadé pouvoir
parvenir à des résultats plus avantageux
que ces Messieurs, sans rien changer au
télégraphe, sans occasionner aucune
dépense et sans empêcher la communication journalière. Mais plusieurs
renseignements que je cherchai à me
procurer, m'ayant appris que l'on
vouloit seulement faciliter la manœuvre du télégraphe et, par ce moyen,
abréger le temps que l'on met à
faire passer une dépêche, j'écrivis

la lettre suivante au ministre de l'intérieur.

Le Mans 7 août 1839.

CHAPPE, *ancien administrateur des lignes télégraphiques, à son excellence le secrétaire-d'état, ministre de l'intérieur.*

M. le Ministre,

Depuis quinze mois environ des essais se font sur l'un des télégraphes placés sur la tour de Saint-Sulpice, dans l'intention, probablement, de perfectionner la télégraphie; si les personnes qui font ces essais avaient plus d'expérience dans cette partie et connaissoient mieux la télégraphie, ils sauroient que sans y rien changer et sans qu'il en coûtât un centime au gouvernement, ils pourroient obtenir des résultats beaucoup plus prompts que ceux qu'ils obtiendront après avoir exécuté leur perfectionnement, qui présente de grands

inconvénients et offre moins davantage
que le télégraphe tel qu'il est.

L'inventeur de ce nouveau systême
de télégraphe prétend, dit-on, que la
manipulation sera plus facile et que les
signaux passeront plus promptement.
Je nie le fait, et je ne crains pas d'affirmer que si, avec ce nouveau systême
de télégraphe, on fait passer de Paris
à Toulon, en trois heures, une dépêche
quelconque, on peut, en retraduisant
de nouveau cette dépêche, la faire passer aussi correctement à la même destination en deux heures, sans rien changer
au télégraphe et sans y rien ajouter.

Le gouvernement ne pouvant juger
les améliorations télégraphiques qui lui
sont proposées, qu'en s'en rapportant
aux personnes qui ont de l'expérience
dans cette partie, j'ai cru devoir, dans
l'intérêt de la télégraphie et peut-être
du trésor, l'informer des résultats que
l'on peut obtenir avec le télégraphe tel
qu'il est : si maintenant il lui convient

de laisser dénaturer le télégraphe de manière à ne pouvoir plus obtenir les mêmes avantages que ceux qu'il offre maintenant, je ne puis m'y opposer ; mais je
dirai qu'il est malheureux que le télégraphe soit tombé entre les mains de
personnes qui croient ne pouvoir le perfectionner qu'en le dénaturant ; d'ailleurs, est-ce bien le perfectionner que
le composer de quatre pièces au lieu de
trois, et lui donner une forme qui présentera, dans beaucoup de positions, de très-
grandes difficultés, soit pour son établissement, soit pour les réparations.

Il n'est personne qui, voyant pour la
première fois l'ancien télégraphe et le
nouveau qui a été établi sur une des
tours de St-Sulpice, ne soit porté à
croire que l'ancien télégraphe est le télégraphe perfectionné. Lorsque plusieurs puissances font des recherches
pour obtenir des communications plus
promptes que celles du télégraphe françois, je ne puis croire que le gouverne-

ment le laisse dénaturer de manière à ne pouvoir plus en obtenir tous les avantages qu'il offre dans l'état où il est.

Je suis, etc.

CHAPPE.

Son excellence ne m'ayant pas fait accuser la réception de cettte lettre, et doutant qu'elle lui eût été remise, je lui adressai celle ci-après, qu'un député a bien voulu lui remettre.

Monsieur le ministre,

Depuis 1792 la télégraphie a coûté 18 à 20 millions ; je conclus, d'après une dépense aussi considérable, que tous les gouvernements qui se sont succédés en France, depuis cette époque, ont trouvé que la télégraphie étoit utile; cependant, depuis 1796, aucun perfectionnement n'a eu lieu dans cette partie, seulement quelques mesures

ont été prises pour accélérer et assurer
l'exactitude du passage des signaux ;
aussi, aujourd'hui comme autrefois, les
six douzièmes des dépêches qui sont envoyées dans une année par les ministres et les autorités à l'administration
télégraphique , ou aux directeurs du
télégraphe en province, restent dans les
cartons, ou sont envoyées par la poste ;
trois autres douzièmes ne parviennent
par le télégraphe à leur destination que
six , douze et vingt-quatre heures après
qu'elles ont été remises à l'administration , et les trois derniers douzièmes
parviennent à leur destination aussi
promptement que possible , mais souvent, si les dépêches sont très-pressées,
les traducteurs suppriment les mots et
même les phrases qui paraissent inutiles au sens de la dépêche , afin d'en
acccélérer le passage. Cette insuffisance
du télégraphe vient en partie de ce qu'il
faut trop de signaux pour rendre la dépêche ; moins il y aura de signaux pour

traduire une dépêche, plus on sera assuré qu'elle parviendra à sa destination, et plus on pourra en transmettre dans un jour, puisqu'il faudra moins de temps. Il est donc d'un grand intérêt, pour assurer le passage des dépêches, que les signes nécessaires pour leur traduction soient diminués; c'est ce dont je me suis occupé d'une manière extrêmement avantageuse, puisque je suis parvenu à diminuer d'un tiers, et même souvent de moitié, le temps que l'administration télégraphique met actuellement à faire passer une dépêche à sa destination ; il résulte de ce perfectionnement, que, si l'administration faisoit passer dans un jour, de Paris à Toulon, huit dépêches, composées chacune de 80 signaux, j'en fairois passer, dans le même temps, douze, et souvent seize, à la même destination, et aussi correctement ; les personnes qui sont, ou qui ont été employées dans la télégraphie apprécieront facilement

E

l'importance d'un tel perfectionnement.

» On comprend parfaitement combien un Chappe, qui a passé 40 ans de sa
vie à chercher le moyen de rendre le
télégraphe de plus en plus utile au gouvernement, désire mettre à exécution
un perfectionnement qui ajoûte beaucoup au mérite d'une invention qui est
encore tout entière telle que les Chappe
l'ont faite ; aussi je propose au gouvernement de mettre ce perfectionnement
à exécution sur toutes les lignes, sans
rien changer au télégraphe, sans occasionner aucune dépense, sans aucun
traitement, et sans empêcher la correspondance journalière; seulement, je de-
manderai mes frais de déplacement et
mon logement à Paris ; mais comme je
sais, par expérience, que tout changement en télégraphie, qui contrarie des
habitudes, rencontre toujours beaucoup d'obstacles, je désire que tous les
directeurs et inspecteurs du télégraphe

soient mis immédiatement sous mes ordres, pendant tout le temps que j'exécu-
terai mon perfectionnement , comme
cela existoit pendant que j'étois administrateur. (4) *(3)*

» S'il est vrai, comme je le crois, que la
télégraphie soit utile , puisque l'état
paie environ un million par an pour son
entretien , et que le gouvernement
mette quelque prix à perfectionner une
invention qui est toute française, et
que les autres puissances ont adoptée , c'est à lui maintenant à faire le
reste; je suis prêt à faire sortir la télégraphie de l'ornière dont elle n'a pu se tirer depuis 1796 , et à faire jouir la
France d'un perfectionnement inespéré,
qui double presque les avantages du télégraphe.

Je suis , etc.

Le Mans , le 9 juin 1839.

Je pense que son Excellence aura cru
devoir faire comme ses prédécesseurs,

qui envoyoient à l'administration télégraphique les différents systêmes de télégraphe qui leur étoient proposés par
des personnes qui ne s'étoient occupées
de la télégraphie que dans leur cabinet; aussi, beaucoup de ces télégraphes
étoient inexécutables ou très-inférieurs
à celui établi, non pas qu'il eût été
impossible de faire passer des dépêches
avec plusieurs de ces nouvelles machines, car mon expérience en télégraphie
me permet d'assurer que l'on peut communiquer avec toute espèce de télégraphe, telle forme qu'on puisse lui donner. Si l'on m'eût proposé, lorsque je
n'avois que quarante ans, d'établir une
ligne télégraphique de Paris à Rome,
et qu'on m'eût donné pour tout télégraphe un balai, je me serois chargé
de l'établir avec la certitude de faire
passer les dépêches plus ou moins promptement. La difficulté n'est pas d'inventer un nouveau télégraphe, elle est d'en
inventer un meilleur que celui qui

existe, qui soit aussi simple, aussi facile à établir dans quelqu'endroit que
ce soit, qui ait un nombre suffisant de
signaux primitifs, d'une exécution facile, et qui soit aussi bien vu.

Les ministres qui n'ont pas le temps
de s'occuper du télégraphe, et qui ne le
connoissent que par ses résultats, ne
pouvant juger de la bonté des différents
systêmes de télégraphe qui leur sont
proposés, par des personnes qui n'ont
aucun antécédent, doivent véritablement envoyer tous ces projets à l'administration télégraphique, et la prier
de leur donner son avis ; mais lorsqu'un Chappe, frère de l'inventeur,
qui a établi et organisé toutes les lignes
télégraphiques qui sont en France (excepté celles établies depuis la révolution de juillet), et qui, pendant 40
ans, s'est toujours occupé d'une manière très-active de la télégraphie, propose un perfectionnement qu'il assure
devoir être avantageux, puisqu'il doit

diminuer d'un tiers le temps que l'on met aujourd'hui à faire passer une dépêche, le ministre peut se dispenser, je le crois, de consulter des personnes qui sont à la tête de la télégraphie, sans aucun antécédent qui dût les y faire placer, excepté l'un des trois administrateurs, qui a été employé sous les Chappe, mais qui conviendroit, peut-être difficilement, qu'un semblable perfectionnement seroit une grande amélioration, à moins que le gouvernement n'adoptât le système de télégraphe dont il a fait l'essai sur l'une des tours de Saint-Sulpice, et cependant, je suis certain que la quatrième pièce qu'il veut ajouter au télégraphe Chappe, ne diminueroit pas le temps employé aujourd'hui au passage d'une dépêche; au contraire, il donneroit lieu à des erreurs qui nécessiteroient souvent des répétitions; car une des principales conditions d'un télégraphe est que les signaux soient tels qu'ils ne nécessitent aucun raisonnement de la part des stationnaires, et qu'ils offrent à leurs yeux l'image du signal tel qu'ils doivent l'écrire ; d'ailleurs, comme je le fais remarquer dans une note insérée dans le Journal le *Temps*, du 26 septembre 1839, le passage des signaux ne sera pas plus prompt qu'avec le télégraphe actuel, et l'établissement ainsi que les réparations de ce nouveau télégraphe seroient très-difficiles, dans toutes les positions, et impossible dans beaucoup.

Son excellence a peut-être aussi jugé que le perfectionnement que je propose ne mérite pas la peine qu'on s'en occupe ; ce seroit alors bien peu connoître la télégraphie. Que l'on compare les résultats obtenus avec le vocabulaire dont nous nous servions en 1792, à 1796, et ceux obtenus aujourd'hui avec le vocabulaire dont on se sert depuis 1796, on trouvera une différence d'un tiers, dans le temps employé pour le passage des dépêches, donc, au moyen du nouveau perfectionnement que je propose, et qui doit diminuer d'un tiers le temps que l'on met aujourd'hui à faire passer une dépêche, on pourroit transmettre en une heure une dépêche qui demandoit trois heures en 1795, mais, que son Excellence ait cru devoir demander l'avis de l'administration télégraphique sur l'avantage de l'amélioration que je propose, ou qu'elle ait cru que cette amélioration n'étoit pas assez avantageuse pour qu'on s'en occupât, toujours est-il vrai qu'elle n'a répondu à aucune de mes lettres, et que, désirant que la France connût que les Chappe, qui avoient déjà fait hommage de leur ingénieuse découverte, vouloient encore la rendre de plus en plus utile, j'ai envoyé à M. le directeur du journal le *Temps* les observations ci-après :

Observations sur le nouveau systême du télégraphe établi sur l'une des tours de Saint-Sulpice. (Ces observations ont été insérées dans le journal le *Temps*, du 26 septembre 1839).

Depuis long-temps un nouveau systême de télégraphe est établi à Paris, sur l'une des tours de Saint-Sulpice; il sert même, en ce moment, au passage des signaux, et correspond avec le télégraphe de Ville-Juif. Rien de mieux que de perfectionner la télégraphie, qui est probablement utile au gouvernement, puisqu'il dépense, chaque année, un million pour son entretien; mais ceux qui connoissent la télégraphie doivent savoir que c'est moins le télégraphe qu'il faut perfectionner que le vocabulaire; car le télégraphe est tout ce que l'on peut faire de plus simple; on pourroit, il est vrai, en faire un qui donnât plus de signaux primitifs; mais le télégraphe, tel qu'il est, en donne suffisamment, pour qui sait les

employer. Le moyen de perfectionner
la télégraphie est de diminuer le temps
que l'on met maintenant pour le passage d'une dépêche ; et, pour cela, il est
indispensable d'augmenter les membres
de phrases , et néanmoins diminuer le
nombre de signaux employés jusqu'à ce
jour pour les exprimer ; sans ces deux
améliorations , un tiers des dépêches
envoyées à l'administration télégraphique ou aux directeurs en province, restera dans les cartons ou ne parviendra
à sa destination que douze , dix-huit
ou vingt heures après que les dépêches
auront été remises à l'administration
télégraphique ou aux directeurs en province ; et lorsque des événements extraordinaires , qui arrivent assez souvent,
tels qu'une expédition maritime , une
réunion de troupes , ou un soulèvement
dans un département, appelleront l'attention du gouvernement sur un seul
point , et nécessiteront une correspondance active avec plusieurs ministres,

à la fois, la moitié des dépêches, au moins, restera dans les cartons ; il est donc dans l'intérêt de la télégraphie que le gouvernement cherche à diminuer, autant que possible, cet inconvénient qui, dans certaines circonstances, peut avoir des suites fâcheuses. Mais est-ce bien perfectionner la télégraphie que de changer, sans aucune nécessité, la forme du télégraphe, pour lui en substituer une qui n'offre pas plus de signaux primitifs, et qui n'empêchera pas qu'on ne soit obligé d'employer un signal et demi pour exprimer chacun des quatre-vingt-douze mots de la première division du vocabulaire, deux signaux, ou quatre mouvements, pour exprimer chacun des huit mille quatre cent soixante-quatre mots, contenus dans ce qu'on appelle le vocabulaire de mots, trois signaux, ou six mouvements, pour exprimer les membres de phrases contenus dans le vocabulaire phrasique, et trois signaux et demi, ou sept mouvements, pour exprimer chaque mot du vocabulaire géographique, qui contiennent, comme le vocabulaire des mots, chacun huit mille quatre cents soixante-quatre mots, ce qui fait, pour les trois vocabulaires, vingt-cinq mille trois cents quatre-vingt-douze mots ou membres de phrase.

On peut, il est vrai, au lieu de ces trois vocabulaires, dont chaque mot ou membre de phrase est représenté par plus ou moins de signaux, n'avoir qu'un seul vocabulaire, dans lequel on aura autant de membres de phrase que l'on voudra; mais il faudra trois signaux au moins pour exprimer chaque membre de phrase, et, en ce cas, quel avantage trouvera-t-on avec le nouveau télégraphe pour l'emploi d'un semblable vocabulaire? Le mouvement du régulateur sera, dit-on, plus facile, et delà, on conclut qu'on abrégera le temps que l'on met maintenant à faire passer une dépêche; moi, je crois qu'une autre

raison que celle d'un peu plus ou moins
de facilité à faire mouvoir le régulateur
mobile, a donné l'idée de placer, aux
extrémités d'un régulateur fixe, les deux
indicateurs. Mais admettons que ce soit
la véritable raison, je conviens que les
indicateurs étant détachés du régulateur mobile, on le fera mouvoir un peu
plus facilement, je dis un peu plus facilement, parce que si le régulateur
mobile était toujours bien équilibré, les
stationnaires le porteroient, sans peine
à toutes les positions qu'il doit prendre;
mais si le régulateur mobile est plus
léger et plus facile à faire mouvoir, les
stationnaires seront obligés, qu'il fasse
un très-grand vent, ou que le temps soit
calme, d'exécuter le signal en trois
temps, car le stationnaire passera de
la manipulation du régulateur mobile
à la manipulation des indicateurs; puis
à la manipulation du régulateur mobile,
ce qui fait trois temps bien distincts,
tandis qu'avec l'ancien télégraphe, tou-

tes les fois qu'il ne fait pas de très-
grand vent, un signal n'exige que deux
temps, puisque les indicateurs se développent dans le même moment que
l'on porte le régulateur à l'oblique. Il
ne faut pas croire qu'il soit indifférent
d'exécuter le signal en deux ou trois
temps; car, lorsqu'une dépêche,
composée de deux cents signaux, passe
par la ligne télégraphique de Paris à
Bayonne, où il y a cent-onze télégraphes, chaque télégraphe fait quatre
cents mouvements, qui, multipliés par
cent onze, font quarante-quatre mille
quatre cents mouvements, avant que la
dépêche soit entièrement parvenue à sa
destination, et avec le nouveau système
de télégraphe, pour une dépêche de
deux cents signaux, chaque télégraphe
fera six cents mouvements, qui, multipliés par cent onze, font soixante-six
mille six cents mouvements (différence,
vingt-deux mille deux cents), il seroit
donc très-nécessaire que le stationnaire,

avec le nouveau télégraphe, exécutât
beaucoup plus promptement chaque
signal, ou bien la dépêche mettroit plus
de temps à passer à sa destination
qu'avec l'ancien télégraphe; on fera
remarquer que dans les grands vents,
les stationnaires d'une complexion
faible, sont également obligés de faire
trois mouvements; cela peut être, mais
c'est une exception, car toutes les fois
qu'il ne fait pas de très-grand vent,
tous les stationnaires exécutent aujour-
d'hui le signal en deux mouvements.
Le seul avantage qui résultera de la
dislocation du télégraphe sera donc de
porter plus facilement, lors des grands
vents, le régulateur du nouveau système
à l'oblique ou à une autre position; car,
dans les temps ordinaires, si le régulateur du nouveau système se fait mouvoir plus facilement, le signal ne passera pas pour cela plus promptement;
quant à la fatigue qu'éprouve le stationnaire qui travaille avec le télégra-

phe ancien, elle est à peu près la même
que celle qu'il auroit en travaillant avec
le nouveau système, vu que si les stationnaires ont plus de facilité à faire
mouvoir le régulateur dégagé des indicateurs, il faut qu'ils exécutent plus
promptement chaque signal; et c'est
pour un si faible avantage que l'on veut
changer la forme du télégraphe, composée de trois pièces, qui paraissent n'en
faire qu'une, d'une forme élégante,
facile à établir dans toutes les positions,
et dont les réparations peuvent s'exécuter promptement, sans danger pour les
stationnaires, contre un télégraphe fait
de quatre pièces, qui présente plus de
surface au vent que l'ancien télégraphe,
et qu'il eût été impossible d'établir sur
la ligne de Lille à Boulogne, de Lille à
Bruxelles, d'Anvers à Amsterdam; parce
que les indicateurs placés aux deux
bouts du régulateur fixe, dont chaque
extrémité eût dépassé d'un mètre, au
moins, le diamètre de la maisonnette

de l'observation, construite dans l'intérieur du clocher eussent exigé, pour les
réparations, que les stationnaires mon-
tassent en dehors de la flèche dans une
échelle de cinq à six mètres de haut,
suspendue, pour ainsi dire, en l'air, et
laissant sous soi une profondeur de
vingt ou trente mètres. Je suis persuadé
que si l'auteur de ce nouveau télégraphe eût été obligé, dans une semblable
position, de réparer l'un des indicateurs, il y eût regardé à deux fois. On
peut, je le sais, au moyen de plates-
formes et d'échelles, plus ou moins
fortes, diminuer la crainte des stationnaires; mais pourquoi faire du télégraphe un échafaud, puisqu'avec le télégraphe tel qu'il est, on peut obtenir des
résultats beaucoup plus prompts que
ceux que l'on obtient aujourd'hui, et
que l'on obtiendroit avec le télégraphe,
soi-disant perfectionné; car si l'on fait
passer, avec ce nouveau télégraphe, en
trois heures, de Paris à Bayonne, une

F

dépêche traduite avec le nouveau vocabulaire, auquel l'administration travaille depuis longtemps, et qui n'aura
d'autre avantage que celui de contenir
un plus grand nombre de membres de
phrases, représentées chacune par trois
signaux au moins, je puis assurer qu'en
laissant le télégraphe tel qu'il est, on
peut faire passer la même dépêche, en
deux heures, à la même destination,
après l'avoir traduite littéralement,
d'après mon procédé; ou si l'administration fait passer, dans un jour, de
Paris à Bayonne, huit dépêches, composées chacune de quatre-vingt mots,
on peut en faire passer douze semblables dans le même temps et à la même
destination; quelle utilité y a-t-il donc
à changer la forme du télégraphe et à
le perfectionner d'une telle manière
qu'une personne qui verroit, pour la
première fois, l'ancien et le nouveau,
seroit portée à croire que l'ancien télégraphe est le télégraphe perfectionné,

si, encore, on pouvoit avec ce nouveau télégraphe, faire passer une dépêche plus promptement et plus correctement à sa destination, on pourroit peut-être passer par dessus tous les inconvénients que présentent sa construction et sa manœuvre; mais je puis certifier que cela n'est pas.

Si le gouvernement, auquel j'ai écrit plusieurs fois, pour l'informer que j'avois trouvé le moyen, sans rien changer au télégraphe, d'abréger d'un tiers le temps que l'on met actuellement pour transmettre une dépêche de Paris à Bayonne, ou de Paris à Toulon, laisse, sans aucune nécessité, dénaturer le télégraphe pour un prétendu perfectionnement qui n'en est pas un, je ne puis l'empêcher; mais je dirai qu'il est malheureux pour la télégraphie qu'elle soit tombée entre les mains de personnes qui ne croient pouvoir la perfectionner qu'en disloquant le télégraphe, et en lui ôtant une partie des avantages qu'il offre dans l'état où il est.

Ce 26 septembre 1839.

Observations sur les télégraphes aériens, et notes sur des expériences qui peuvent faire croire à la possibilité de remplacer le télégraphe aérien par un télégraphe acoustique, ou par un télélogue.

Les chemins de fer, en donnant les moyens de parcourir de très-grandes distances, en très-peu de temps, rendront bientôt inutiles les télégraphes aériens, surtout dans un rayon de trente myriamètres de la capitale, car il n'y a aucun doute qu'une dépêche, destinée pour Tours, ou pour Lile, remise, en hiver, à cinq heures du soir, à la voiture et en même temps au télégraphe, parviendra à sa destination bien plus promptement et bien plus sûrement par la voiture que par le télégraphe; cela arrivera même très-souvent en été.

Pour les distances plus éloignées, comme Lyon, Brest et Strasbourg, je suis persuadé que, pendant neuf mois de l'année, les voitures, sur les chemins de fer, auront l'avantage sur les télégraphes aériens. Si le télégraphe ne rencontroit aucun obstacle, il iroit, assurément, beaucoup plus promptement que ces voitures, mais malheureusement, les trois quarts de l'année, il y a des obstacles qui empêchent de pouvoir être assuré qu'une dépêche parviendra à sa destination.

En hiver, les télégraphes sont si peu utiles au gouvernement, qu'il pourroit facilement s'en passer, sans que son service en souffrît beaucoup; en été, les télégraphes aériens cesseront de paroître aussi utiles, dès que les chemins de fer seront établis, tel est mon avis, et s'il falloit prouver qu'il n'est pas dé-

nué de fondement, les quarante années
que j'ai passées dans la télégraphie me
fourniroient suffisamment de preuves.
Le gouvernement devroit donc profiter
de l'établissement des chemins de fer,
pour faire construire des lignes télégraphiques, avec lesquelles il pût communiquer, à quelque distance que ce
fût, jour et nuit, et aussi promptement qu'avec les télégraphes aériens,
sans craindre d'être arrêté par les
brouillards ou les pluies.

Ces lignes que j'appellerai acoustiques
coûteroient peut-être plus cher que les lignes aériennes, mais la dépense seroit si
minime, en comparaison de celle qu'oc-
casionneroit l'établissement d'un chemin de fer de Paris à Bruxelles, que
je suis persuadé que la compagnie, qui
obtiendroit la concession de ce chemin
fairoit établir une ligne acoustique à
très-peu de frais, surtout, sachant que
le matériel de la ligne acoustique ne

perdroit pas plus d'un quart de sa valeur.

Ayant calculé que, sur les huit mille
sept cent soixante heures qui composent l'année, il y a, au plus, deux mille
cent quatre-vingt-dix heures, pendant
lesquelles on puisse communiquer avec
le télégraphe aérien, et encore ces heures sont-elles entremêlées de brouillards, de pluies, d'orages, de déran-
gements de machines et d'absences des
stationnaires, qui interrompent à chaque instant le passage des signaux, j'ai
voulu m'assurer par moi-même si les
expériences faites par le savant M. Biot,
sur la propagation du son à travers les
corps opaques donneroient l'espérance
de pouvoir établir une correspondance
à une grande distance; en conséquence,
j'ai établi dans un bois, près ma campagne, une longueur de quatre cents
mètres de tringues de fer, de six millimètres de diamètre, jointes ensemble,

au moyen d'un ajustage assez mal fait, et maintenues par des goupilles en fer, ensuite, j'ai frappé un coup, à l'un des bouts, avec la pointe d'une épingle, qui a été parfaitement entendu, à la distance de trois cents mètres. Mais, ayant cru reconnoître que le son perdoit de son intensité, à raison du carré des distances, j'ai pensé que le même coup, sans être plus fort, pourroit être entendu beaucoup plus loin, en donnant quinze millimètres de diamètre aux barres de fer ; en conséquence, je fis faire une nouvelle ligne, de six cents mètres de longueur, dont toutes les barres de fer furent jointes comme les précédentes, et ce que j'avois prévu arriva : le coup frappé de la même manière, avec la pointe d'une épingle, à l'un des bouts, fut parfaitement entendu à l'autre bout ; alors, je fis prolonger la ligne au fur et à mesure, pour m'assurer de la disance à laquelle le même coup seroit

entendu; mais, passé sept cents mètres,
je dus donner plus de force au coup ;
je fis donc encore prolonger les barres de
fer jusqu'à mille cinq cents mètres, et au
moyen d'un coup frappé avec un fil de
fer d'un millimètre de diamètre , fixé
au bout d'un morceau de bois de treize
millimètres de long et de sept millimètres de diamètre, que je laissai tomber de
la hauteur de cinquante-quatre millimètres sur le bout de la barre, je m'assurai
que le coup étoit entendu; mais pour prolonger de nouveau la ligne , il eût fallu
que je fisse venir de nouvelles barres
de fer , et déjà la dépense étoit assez
considérable. J'abandonnai donc ces essais avec d'autant plus de raison , que
les soins à donner à la santé de ma
femme ne me permettoient plus de suivre avec tout le soin et la tranquillité
d'esprit des expériences qui , pour
être bien jugées , demandoient à être
suivies avec une grande exactitude.

Il s'agit maintenant de savoir si un

coup plus fort, frappé sur une barre de fer de vingt-sept millimètres de diamètre pourrait être entendu à 4 ou 6 mille mètres de distance, et si la vibration occasionnée par le coup ne serait point un obstacle à ce que chaque coup fût bien distinct; car si le coup était parfaitement entendu, le télégraphe acoustique pourroit facilement s'exécuter, et s'il est vrai, comme le dit M. Biot dans son rapport, que le coup d'un marteau, le son d'un timbre, et même la voix la plus basse s'entendissent à la distance de 950 mètres de manière à distinguer les paroles pendant une conversation suivie, il y a tout espoir de pouvoir établir un télégraphe acoustique ou un télégogue. Alors aucun télégraphe ne pourroit lui être comparé, excepté le télégraphe galvanique.

Tous les aveugles de France pourroient être employés à ce système de télégraphe, comme on pourroit, si on le vouloit, employer tous les sourds

dans les télégraphes aériens. Il y en a
eu un d'employé au télégraphe de
Fleury, près Auxerre, qui était très-bon
stationnaire.

Le télégraphe a été regardé comme
une des belles découvertes du XVIIIe
siècle, et cela devoit être, parce
qu'avant l'établissement d'une ligne
télégraphique on ne se faisoit pas l'idée
de la possibilité de communiquer en
15 minutes à 100 myriamètres de Paris;
mais, quoique les Chappe aient été
souvent surpris de la célérité avec laquelle une dépêche passoit à sa destina-
nation, surtout lorsque cette dépêche
étoit adressée aux directeurs du télégraphe qui leur répondoient sur-le-
champ, ils ne se sont, cependant, jamais dissimulé tous les inconvénients
de cet établissement et son peu d'utilité
pendant les deux tiers de l'année, c'est
pourquoi ils ne cessoient de s'occuper
des moyens de le perfectionner.

Les Chappe ont dépensé 30,000 francs
pour une découverte qui a été plus utile
au gouvernement qu'elle ne leur a été
avantageuse, le gouvernement ne pour-
rait-il pas à son tour sacrifier 8 à 10,000
francs, pour continuer les expériences
que M. Biot et moi nous avons com-
mencées avec des vues bien différentes
et qui peuvent conduire à la découverte d'un télégraphe beaucoup meilleur que le télégraphe aérien? cette expérience pourroit encore servir à résoudre
quelques problèmes que M. Biot ne me
paroît pas avoir résolus, comme celui
de déterminer quelle est la perte du
son, dans une grande distance, lorsqu'il a pour conducteur un corps opaque. On pourroit, également, déterminer quelle est sa vitesse dans le
même cas qui, assurément, est beaucoup plus grande que lorsque le son a
l'air pour conducteur.

Je terminerai ces observations en as-

surant que j'ai beaucoup de raisons
pour croire qu'il seroit possible de faire parvenir de Paris à Brest, en 8 heures, une lettre de 4 pages, bien entendu qu'il ne s'agit pas du contenu de
la lettre ; mais de la lettre elle-même.

Les Chappe ont dépensé, au moins 3o, ooo francs, pour les différentes expériences qu'ils ont faites. Ils ont fait hommage de leur découverte à la France.

Ils ont travaillé pendant 39 années au perfectionnement d'une partie qui n'étoit connue de personne.

Qu'en est-il résulté pour les Chappe?

Les Chappe ont été, pour ainsi dire, renvoyés de la télégraphie, sans qu'on puisse reprocher autre chose à l'un d'eux que de n'avoir pas voulu enfreindre le serment qu'il avoit fait à Charles X; et l'infortuné maréchal Ney a été condamné à mort pour n'avoir pas tenu le serment fait à Louis XVIII. Que faut-il donc faire?

NOTES.

NOTE Ire.

A quelle distance Amontons a-t-il communiqué , quelle est la forme du télégraphe dont il s'est servi ? quelles sont les dépêches qui ont été transmises par le moyen de son télégraphe, combien y avoit-il de postes? Personne ne le sait; Amontons, comme plusieurs autres avant lui , a eu l'idée de la possibilité de pouvoir communiquer ses idées à une grande distance , en très-peu de temps, par le moyen de signaux ; mais il ne l'a pas réalisée. Avant d'établir la ligne télégraphique de Paris à Lille, les Chappe ont fait construire deux télégraphes de forme différente , avec lesquels ils

ont communiqué ; les procès-verbaux font
connaître la forme de ces télégraphes, les distances auxquelles ils étoient placés , et les
dépêches qui ont été transmises ; cependant, si
les expériences n'eussent pas été suivies par les
Chappe, et que quelques amateurs, après cinquante ou soixante années eussent voulu établir une ligne télégraphique, en se servant du
même système de télégraphe , il leur eût été
impossible de communiquer à 8 myriamètres.
Ainsi , si des essais en télégraphie , ont
été faits par Amontons et plusieurs autres
avant lui , ils n'ont pu servir aux Chappe ,
puisqu'on ne sait pas quelle est la forme de
ces différents télégraphes , la longueur des
lignes qui ont été établies, ni les moyens qu'ils
employoient pour la traduction des dépêches.
Mais toutes ces choses auroient-elles été con-
nues ? ce ne seroit pas encore une raison pour
pouvoir assurer que l'on eût pu communiquer
à deux cents lieues avec leurs télégraphes ,
comme le prouve la ligne télégraphique, établie en 1822 , de Paris à Orléans, par M. le
contre-amiral Saint-Havouen, avec laquelle il

n'a pas pu communiquer, quoiqu'il eût sous
les yeux les lignes télégraphiques établies par
les Chappe; qu'il se fût procuré tous leurs ré-
glements adoptés pour l'organisation de leurs
lignes, et qu'il eût avec lui plusieurs agents
qui avoient été employés sous leurs ordres.

NOTE 2.

—

De long-temps l'administration télégraphique ne présentera au gouvernement
autant de responsabilité que l'administration des Chappe, parce que tous étoient
responsables l'un pour l'autre, puisque l'un
ne pouvoit perdre la confiance du gouvernement sans que les autres ne la perdissent
également. Mais, aujourd'hui, des administrateurs qui ne se sont jamais vus avant
que d'être collègues, peuvent-ils être responsables l'un pour l'autre, et le gouvernement
peut-il leur adresser quelques reproches sur
leurs employés, puisqu'ils ne les choisissent

G

pas. Si un directeur de télégraphe interprète
mal une dépêche, un ministre peut-il en être
responsable, puisqu'il ne se mêle pas de signaux, et qu'il n'instruit pas les employés?
Où est donc maintenant la responsabilité?

NOTES 3.

Peut-être ~~aussi~~ que la demande que j'ai
faite de mettre moi-même à exécution le
perfectionnement que je propose, a fait croire
à Messieurs les administrateurs des lignes
télégraphiques, que je désirerois, par ce
moyen, rentrer dans la télégraphie; que ces
messieurs se détrompent; si j'ai demandé à
exécuter moi-même ce perfectionnement,
c'est que la télégraphie n'étant, maintenant,
pour les employés de cette partie, qu'une af-
faire d'argent, je ne leur suppose pas tout le
zèle, la volonté et les antécédents nécessaires, pour assurer le succès d'un perfectionnement qui ne vient pas d'eux, qui contra-

rieroit les habitudes des inspecteurs, et exigeroit de nouvelles études pour les directeurs. Je n'ai pas oublié toutes les difficultés que j'éprouvois, chaque fois que je voulois faire des changements. Si je n'eusse pas eu une autorité sans appel, sur les inspecteurs, il m'eût été impossible de perfectionner la télégraphie, et cette partie seroit encore ce qu'elle étoit, en l'an quatorze et années précédentes, c'est-à-dire ; bonne à très-peu de chose.

NOTE 4.

Il n'y a que dix chiffres ou dix signes dans notre système de numération, pour exprimer tous les nombres depuis un jusqu'à neuf mille neuf cent quatre-vingt-dix-neuf ; mais si, au lieu de dix signes ou dix chiffres, vous aviez quatre-vingt-douze signes primitifs avec lesquels vous pussiez représenter des nombres, depuis un jusqu'à quatre-vingt-douze, il en résulterait que, pour exprimer

le nombre neuf , vous auriez besoin , comme
dans la numération ordinaire , d'un signe ;
mais , pour exprimer quarante-six , il ne
vous en faudrait qu'un seul , de sorte que ,
pour exprimer télégraphiquement neuf mille
deux cent quatre-vingt-douze , il ne faut
que deux signes , au lieu de quatre , nécessaires dans la numération ordinaire. Ce changement de numération , que les Chappe firent
en 1796 , a été calculé , de manière que les
quatre-vingt-douze signes , employés pour la
traduction des dépêches , ne pussent se confondre avec les signaux réglementaires qui
sont absolument les mêmes ; mais qui ne représentent que des phrases convenues pour
la police de la ligne , et dont la valeur est
connue de tous les inspecteurs et stationnaires. La différence qui existe entre les signaux
réglementaires et les signaux de correspondance , c'est que les premiers se développent
en plaçant la grande pièce du télégraphe que
nous nommons régulateur à l'oblique de gauche , et les seconds , en mettant cette même
grande pièce à l'oblique de droite , et , lorsque

le signal est formé, c'est-à-dire, que les petites
pièces, que nous appellons indicateurs, sont
développées, la grande pièce ou le régulateur se porte à la verticale ou à l'horizontale, et le signal n'a de valeur que lorsqu'il
est dans l'une ou l'autre de ces deux positions. Le développement des indicateurs se
fait toujours sur l'une des obliques indiquées
ci-dessus, pour que les stationnaires qui développent souvent les indicateurs en sens
contraire de ce qu'ils doivent être, puissent
facilement les changer, sans que ces différentes positions donnent lieu à des erreurs
dans la correspondance, car tout signal
n'ayant de valeur que lorsqu'il est porté à l'horizontale ou à la verticale, il en résulte que,
tant que le régulateur est à l'oblique, les stationnaires peuvent ouvrir et fermer dix fois
les indicateurs sans occasionner d'erreur.

C'est avec cette numération, depuis le numéro un jusqu'à quatre-vingt-douze, que
nous avons fait un vocabulaire, composé de
quatre-vingt-douze pages, dans chacune
desquelles il y a quatre-vingt-douze mots.

Chaque page est indiquée par un seul signe,
et chaque mot est indiqué de la même manière, de sorte que si vous voulez indiquer le
mot ENVOYER, qui se trouve à la trente-
quatrième page du vocabulaire, et le qua-
rante-sixième mot de cette page, vous don-
nez premièrement le signe qui représente
trente-quatre et ensuite le signe qui représente quarante-six, il ne faut donc que deux
signaux pour indiquer un mot, savoir : un,
pour indiquer la page, et un autre pour indiquer le mot ; rien n'est plus simple ni plus
facile, et cependant aucun de ceux qui se
sont occupés de signaux avant les Chappe
n'ont employé ce moyen ; avec ces quatre-
vingt-douze signes, qui représentent chacun
un nombre, on ne peut, en les prenant deux
à deux qu'exprimer huit mille quatre cent
soixante-quatre mots par deux signaux ; mais
comme ce nombre de mots n'est pas suffisant
pour le besoin du service, on a formé trois
vocabulaires ; dans le premier sont les mots
les plus en usage, et que le sens des dépêches
ne permet pas de lier à d'autres mots, ces

huit mille quatre cent soixante-quatre mots
s'expriment par deux signaux ; le second vocabulaire contient également huit mille quatre cent soixante-quatre membres de phrases , que l'on a reconnus devoir souvent entrer dans la composition des dépêches , qui
regardent la marine ou la guerre ; tous les
membres de phrases, contenus dans ce second
vocabulaire s'indiquent par trois signes ou
six mouvements ; le troisième vocabulaire ,
appelé géographique , contient les noms de
villes de la France et des autres royaumes ,
ainsi que plusieurs mots que l'on a prévus *en* *ne*
pas devoir être employés souvent dans la correspondance ; tous ces noms de villes et
mots, au nombre de huit mille quatre cent
soixante-quatre , contenus dans le troisième
vocabulaire , s'expriment par trois signaux et
demi , ou sept mouvements ; il faut donc six
mouvements et sept mouvements pour indiquer les mots ou membres de phrases des
deuxième et troisième vocabulaires , tandis
qu'il ne faut que deux signaux ou quatre mouvements pour indiquer les mots du premier.

La nécessité de faire tant de mouvements pour
exprimer un membre de phrase empêche souvent une dépêche de parvenir entièrement à
sa destination ; il en résulte des retards dans
l'exécution des ordres du gouvernement, et,
comme il arrive fréquemment que, le lendemain, le temps ne se trouve pas favorable à
la communication, la dépêche qui auroit pu
parvenir la veille, s'il n'eût pas fallu tant
de temps pour la transmettre, éprouve un
retard de vingt-quatre à quarante-huit heures,
et même ne parvient pas. Mon frère aîné,
pour remédier, autant que possible, à cet
inconvénient, fit commencer, pendant que
j'établissois la ligne télégraphique de Lyon à
Toulon, un vocabulaire composé de soixante-
un mille neuf cent cinquante-deux mots ou
membres de phrases, les plus usitées dans la
correspondance de chaque administration ci-
vile et militaire, au lieu de vingt-cinq mille
trois cent quatre-vingt douze mots ou membres de phrases contenus dans les trois vocabulaires dont j'ai parlé ci-dessus ; certaine-
ment son intention étoit très-bonne ; ce grand

nombre de phrases composées, chacune de cinq à six mots, plus ou moins, devait nécessairement diminuer le nombre des signes nécessaires pour la traduction des dépêches ; aussi se faisoit-il un grand plaisir de me faire voir son travail, qui lui avoit demandé beaucoup de temps, pour rassembler tous les matériaux. A mon retour d'une inspection générale sur l'une des lignes télégraphiques, il me montra son vocabulaire, je fus surpris de la quantité de mots et de membres de phrases qu'il contenait ; je l'examinai et je m'aperçus qu'aulieu de quatre-vingt-douze pages, contenant chacune quatre-vingt-douze mots, il y avoit cent soixante-seize pages, et dans chacune de ces pages cent soixante-seize mots; cela m'étonna, et je cherchai à trouver comment, avec quatre-vingt-douze signaux primitifs, il pouvoit désigner cent soixante-seize page par un seul signal ; je m'aperçus qu'il avoit doublé le nombre de signaux primitifs, en employant l'oblique de gauche avec l'oblique de droite pour exprimer les signaux de correspondance ; alors je lui reportai son voca-

bulaire, et je lui dis qu'avec des stationnaires
tels que ceux dont il étoit obligé de se servir, il
ne devoit pas espérer de pouvoir en faire usage; que son vocabulaire étoit très-bon en théorie, et non en pratique, vu qu'en employant
l'oblique de gauche avec l'oblique de droite,
pour les signaux de correspondance, il résulteroit une confusion dans les signes qui ne
permettroit pas de les déchiffrer; je le désolai;
mais je lui en expliquai les raisons, et il n'en
parla plus.

Les nouveaux administrateurs du télégraphe ont trouvé ce vocabulaire, et je pense
qu'ils ont eu le désir de s'en servir ; mais les
observations de quelques employés, sans l'a-
vis desquels il leur est impossible de faire aucun perfectionnement en télégraphie, les en
auront empêchés ; alors ils ont appelé près
d'eux quelques employés intelligents, et ont
fait faire un nouveau vocabulaire, en choi-
sissant dans celui déjà fait par mon frère autant de mots et de membres de phrases que
peut le permettre leur nouvelle numération ;
qui, au moyen d'un troisième signal, peut

s'étendre autant que l'on veut ; mais tout en reconnaissant que ce grand nombre de membres de phrases peut diminuer le nombre des signes qu'on emploie actuellement , je puis assurer que, sans rien changer au télégraphe, sans faire aucune dépense , on peut faire passer de Paris à Toulon , en un tiers moins de temps, les mêmes dépêches que ces messieurs auront composées avec leur nouveau vocabulaire.

La télégraphie doit suivre tous les progrès qui ont lieu dans tous les arts , et surtout dans les moyens de communication ; j'ai donc cru nécessaire, pour ceux qui auroient le désir de s'en occuper d'une manière utile , de fixer un point d'où ils pussent partir , sans être obligés de faire des essais qui font perdre beaucoup de temps , et qui exigent des recherches toujours longues , dont le résultat n'est souvent que de leur apprendre ce qui était connu depuis long-temps. Telle a été la numération de monsieur l'amiral Saint-Havouen, lorsqu'il a voulu établir une ligne de nuit ; il annonça sa numération comme une merveille, et nous nous en servions depuis trente ans.

Je crois pouvoir dire, sans beaucoup d'amour-propre, que monsieur Bérard n'a pas rendu un très-grand service à la télégraphie, en obligeant les Chappe à demander leur retraite, pour une prétendue responsabilité qu'il ne pouvoit avoir sous aucun rapport, et que ses prédécesseurs n'avoient pas cru nécessaire à leur tranquillité.

HISTOIRE

DE

LA TÉLÉGRAPHIE.

LIVRE PREMIER.

DE LA TÉLÉGRAPHIE JUSQU'AU TEMPS OU LE TÉLÉGRAPHE FRANÇOIS A PARU.

CHAPITRE Iᵉʳ.

*Signaux employés à annoncer des évé-
nements prévus, ou à transmettre des
phrases convenues.*

On a dû, de tout temps, se servir de
signaux pour faire parvenir promptement, à de grandes distances, des phrases
dont on avoit prévu l'emploi.

L'idée d'attacher une signification à
l'apparition de feux placés sur des hau-

2

teurs est si naturelle, qu'on en trouve
l'usage dans plusieurs peuplades de sau-
vages d'Afrique, qui, lorsqu'ils font une
expédition chez leurs voisins, annoncent
par des signaux de cette espèce, le lieu
où ils se trouvent, leurs succès, leur retour, etc. etc. (Voyez *Note* 1.)

Si nous remontons jusqu'aux temps les
plus reculés, dont l'histoire nous a conservé quelques traditions, nous trouvons
l'art télégraphique attaché aux grandes
époques des temps héroïques. Thésée,
lors de son départ pour faire la conquête
de la toison d'or, avoit arboré sur son
vaisseau des voiles noires; il promit qu'il
en substitueroit de blanches s'il réussissoit dans son entreprise, mais il oublia
sa promesse : le vieil Égée voyant revenir
le vaisseau avec des voiles noires, crut
que son fils avoit succombé à ses nobles
travaux, et se précipita dans la mer.

Eschyle trace, en style poétique, une
ligne télégraphique dans sa tragédie d'*A-
gamemnon :* le poète suppose qu'Aga-

memnon avoit placé plusieurs stationnaires sur le chemin de Troie, pour
annoncer par des feux, à Clytemnestre,
la prise de cette ville.

« Grâces aux dieux, s'écrie celui qui
« est chargé d'observer les signaux, l'heu-
« reux signal perce l'obscurité : salut,
« ô flambeau de la nuit, qui faites luire
« un beau jour! » Clytemnestre apprend
au chœur cette bonne nouvelle, et on
demande quel message a pu instruire de
cet événement : « C'est, répond la reine,
« Vulcain par ses feux allumés sur l'Ida :
« de fanal en fanal, la flamme messagère
« a volé jusqu'ici; de l'Ida, au promon-
« toire d'Hermès à Lemnos; de cette île,
« le sommet du mont Athos a reçu le
« troisième signal; ce grand signal, pro-
« duit d'un flambeau résineux, voyageant
« sur la surface des eaux d'Hellé, a doré
« de ses rayons le poste de Maciste; ce-
« lui-ci n'a point tardé à remplir son de-
« voir, et son fanal a bientôt averti les
« gardiens du Messape aux bords de l'Eu-

« ripe; ils y ont répondu, et ont trans-
« mis le signal en allumant un monceau
« de bruyère sèche, dont la clarté, par-
« venant rapidement au-delà des plaines
« de l'Asope jusqu'au mont Cythéron, a
« continué la succession de ces feux voya-
« geurs. La garde de ce mont a allumé
« un fanal dont la lueur a percé comme
« un éclair jusqu'au mont d'Égiplanète,
« au-delà des marais de Gorgopis, où
« les surveillants que j'avois placés ont
« fait sortir d'un vaste bûcher des tour-
« billons de flammes qui ont éclairé l'ho-
« rizon jusqu'au-delà du golfe Saronique,
« et ont été aperçus du mont Arachné;
« là veilloient ceux du poste le plus voi-
« sin de nous, qui ont fait luire sur le
« palais des Atrides ce feu si long-temps
« désiré! »

Homère et Pausanias font souvent mention des signaux de feux employés aussi,
pendant la guerre de Troie, par Pala-
mède et Simon. Pausanias assure même
que la fête des flambeaux, à Argos, devoit

son origine à un événement qui prouve que l'emploi des signaux étoit connu avant le siége de Troie : cette fête ·fut établie pour conserver le souvenir de la manière dont Lyncée annonça par des flambeaux à Hypermnestre qu'il avoit échappé à Danaüs, et comment Hypermnestre fit connoître, par un fanal placé sur le fort de Larisse, qu'elle étoit aussi hors de danger.

On croiroit, en lisant les auteurs grecs, que la Grèce fut couverte de flambeaux et de phares destinés à donner des signaux; leurs pyrses étoient de grands feux de matières combustibles; on les apercevoit pendant la nuit par leur lumière, et pendant le jour par leur fumée. Thucydide décrit des fanaux attachés au bout de hautes perches, que l'on portoit autour des villes assiégées, et qu'on plaçoit le long des chemins. On s'en servoit beaucoup à la guerre, et on les employa pendant celle du Péloponèse, lors du combat de Salamine.

Persée se servoit aussi de ce moyen pour recevoir, en Macédoine, des avis de toutes ses provinces.

Leschés de Lesbos fait mention d'une tour élevée sur le promontoire de Sigée, à soixante-quinze stades de Ténédos, sur laquelle on allumoit des fanaux; et Ptolémée Philadelphe en fit élever de si hautes dans l'île de Pharos, que les feux placés sur leur sommet ne paroissoient avoir que la grandeur d'une étoile, quoiqu'ils fussent d'un volume considérable.

Philippe, lors de la guerre des Grecs contre Attale, fit placer des signaux ignaires sur toutes les montagnes de la Thessalie. Enfin, un Sidonien proposa à Alexandre le moyen d'établir une communication entre tous les pays de sa domination, et il ne lui demandoit que cinq jours pour lui donner des avis du lieu le plus éloigné de ses conquêtes dans l'Inde, jusqu'à la capitale de ses états héréditaires. Alexandre regarda ce projet comme le rêve d'un cerveau en délire, et rejeta ces

offres avec mépris. Le Sidonien prit la
fuite; mais à peine eut-il disparu, qu'A-
lexandre fit réflexion aux effets politiques
et militaires qui résulteroient de la promptitude avec laquelle on pourroit donner
et recevoir des ordres et des avis utiles
au gouvernement. Il souhaita que ce projet n'eût rien d'impossible, et voulut qu'on
rappelât celui qui en étoit l'auteur; mais
on ne put le retrouver, quelque recherche
que l'on fît, et Alexandre sentit un véritable repentir d'avoir improuvé cette proposition sans l'avoir examinée. (Viguères,
*Remarques sur les Commentaires de
César*, L. vii.)

Mais ce qui prouve mieux encore combien l'emploi des signaux étoit fréquent
en Grèce, c'est la quantité de mots rela-
tifs aux signaux qui se trouvent dans la
langue grecque. *Pharos* signifie phare;
pursos, petit ou moindre feu; *phructos*,
les signaux de torches; *phructóros* et *por-
scutès*, la sentinelle qui veille à ces feux,
et, par leur moyen, communique les avis;

2 *

phructária, l'établissement lui-même ;
pursourguion et *phructórion*, la place où
il a lieu ; *phructóréó* et *purseuó*, verbe
qui exprime l'action de veiller à ces avis,
et de les renvoyer ; *purseia*, la dépêche
elle-même.

Les signaux étoient divisés en *symbola*
et *semeia*, ou signe sonore ou oral ; les
signes visibles, les signes sonores, au
moyen desquels on donnoit le mot d'ordre ; *syntémata*, les signes visibles qui
se faisoient sans bruit, par des mouvements de mains ou d'armes ; *parasynthe-*
mata semeia devoient désigner des drapeaux, des étendards, etc.

Ces mots nous apprennent que les Grecs
se servoient d'autres signaux que ceux
donnés par le feu. Ils employoient le son,
la fumée et les drapeaux. C'étoit spécialement dans les camps que ces moyens
étoient en usage.

Ænéas le tacticien, qui vivoit 336 ans
avant J. C., donne beaucoup de manières pour faire passer des avis dans les

camps : il en est une entre autres qui est
remarquable par sa singularité. La voici
telle que Polybe la décrit : Plusieurs personnes se placent à de grandes distances,
chacune avec un grand vase de même
grandeur, et contenant une même quantité d'eau ; sur les côtés de chaque vase
est un trou d'égal diamètre pour tous ;
un morceau de liége sur lequel est planté
un bâton perpendiculaire, divisé par parties égales, nage sur l'eau des vases ; chaque
division contient une des phrases qu'on
veut transmettre, et les stationnaires sont
munis de torches. Lorsque le premier
élève sa torche, il débouche en même
temps le trou du vase ; le second, en élevant sa torche, donne aussi un écoule-
ment à l'eau, et cette manœuvre a lieu à
chaque station. Quand l'eau du vase est
assez écoulée pour que la division qui
porte l'ordre se trouve vis-à-vis le bord,
le premier stationnaire baisse sa torche
et remet le bouchon ; les autres agissent
de la même manière, et connoissent ainsi

ce que le premier a voulu faire savoir.
(*Planche I.*)

On voit, par l'aperçu que nous venons
de donner, que l'art télégraphique n'avoit
pas fait de grands progrès chez les Grecs,
et il ne devoit pas se présenter beaucoup
d'occasions de le mettre en pratique,
puisqu'il ne pouvoit satisfaire aux besoins
d'une correspondance générale. On tenta
néanmoins plusieurs fois chez eux l'application des signaux de feux aux lettres
de l'alphabet. Jules l'Africain rapporte
qu'on plaçoit huit chaudières dans lesquelles on allumoit des feux ; on accom-
pagnoit ces chaudières de trois autres
feux allumés à une certaine distance ;
chacune des chaudières servoit à indiquer
une partie de l'alphabet qu'on avoit divisé
en huit, et les trois feux accessoires dési-
gnoient la place de la lettre dans chacune
de ces huit parties.

Cléomène, Damocrite, et ensuite Polybe, voulurent donner plus de simplicité à cette méthode. Polybe nous apprend

qu'il divisoit l'alphabet en cinq colonnes,
dont quatre de cinq lettres chacune, et
une de quatre; il cachoit des torches derrière deux murailles, placées l'une à sa
droite, et l'autre à sa gauche; et, pour indiquer à son correspondant la vingt-qua-
trième lettre, il faisoit apparoître d'abord
cinq torches à sa droite, qui indiquoient
la cinquième division de son alphabet;
puis quatre torches à sa gauche, pour
marquer le rang que la lettre avoit dans
sa division.

On fixoit un long tuyau à chaque muraille, qui servoit à diriger la vue vers le
point qu'on vouloit observer. (*Pl. II.*)
Cette méthode ne produit que de foibles
résultats. Rollin pense qu'elle ne pouvoit
servir qu'à une petite distance, et nous
croyons qu'elle n'est utile dans aucune
circonstance, à moins que ce ne soit d'une
station à une autre; car en supposant, ce
que nous sommes loin d'admettre, qu'on
pût faire passer ces signaux par un grand
nombre de stations, sans confusion, et

sans avoir besoin de corriger des erreurs, elle nécessiteroit, pour un mot, un si grand nombre de signaux, qu'une nuit employée toute entière suffiroit à peine à une transmission de quelques mots. Chaque lettre employeroit cinq à six signaux, en supposant un terme moyen, et par conséquent de vingt-cinq à trente pour un mot de cinq à six lettres.

On perd de vue le système alphabétique depuis Polybe jusqu'au seizième siècle de l'ère chrétienne.

C'étoit pour transmettre des signaux phrasiques qu'Annibal fit élever des tours d'observation en Afrique et en Espagne. Il employoit des feux qui étoient visibles à soixante-sept mille cinq cents pieds romains. Les Romains suivirent la même méthode, et ils établirent, partout où ils étendirent leurs conquêtes, des communications rapides qui servoient à maintenir leur empire sur les peuples vaincus.

Le télégraphe représenté sur la colonne de Trajan est la seule description d'un poste télégraphique romain qui nous soit parvenue. Cette colonne fut élevée l'an 867 de Rome ; les bas-reliefs représentent l'expédition de Trajan contre les Daces ; le poste est entouré de palissades ; son second étage a un balcon, et le bâtiment est couronné par une petite tour. (*Planche III.*)

On trouve encore en France les restes de quelques tours élevées par les Romains pour servir à ces communications. Les hautes tours d'Uzès, de Bellegarde, d'Arles, et la Tourmagne à Nîmes, étoient destinées à des vedettes et gardes romaines qui faisoient passer avec rapidité des avis de toutes les contrées voisines. C'est ainsi qu'on avoit lié ensemble la Syrie et l'Égypte, Antioche et Alexandrie ; et cette multitude de villes réunies sous un même empire, onze cent quatre-vingt-dix-sept en Italie, douze cents dans les Gaules, trois cent six en Espagne, et cinq cents en Asie, forme, du nord-ouest au sud-

ouest, une ligne télégraphique de quatorze cents lieues. (*)

Lorsque les événements qu'on vouloit
faire connoître étoient imprévus, on pouvoit se servir du moyen dont César fait
mention dans ses *Commentaires*. « Quand
« il arrivoit, dit-il, des *événements ex-*
« *traordinaires*, les Gaulois s'avertis-
« soient par des cris qui étoient entendus
« d'un lieu à l'autre; de sorte que le mas-
« sacre des Romains, qui avoit été fait à
« Orléans au lever du soleil, fut su à neuf
« heures du soir en Auvergne, à quarante
« lieues de distance. » (*Note 2.*)

Le roi de Perse, qui, comme nous
l'avons déjà rapporté, avoit établi une
communication de ses états jusqu'en
Grèce par des signaux de feu, avoit aussi
placé de distance en distance des sentinelles qui crioient les avis que l'on vouloit faire passer à des lieux éloignés. Ils

---

(*) *Bibliothèque britannique*, n° 215-216, et *Transaction Iris academia*, vol. VI.

parvenoient en quarante-huit heures d'A-
thènes à Suze, villes éloignées l'une de
l'autre de plus de cent cinquante lieues. (*)

Quelque exagérés que nous paroissent
plusieurs de ces rapports historiques, ils
prouvent du moins les efforts que les anciens ont faits pour établir des correspondances par signaux. Cette manière de
correspondre fut aussi fréquemment employée dans le moyen âge.

On établit en Portugal, depuis la frontière jusqu'à Barcelonne, de petites tours
en bois appelées *vigies*. Les signaux
étoient des étendards le jour, et des feux
pendant la nuit : ils annonçoient la présence des bâtiments, et s'ils étoient de
guerre ou marchands; lorsqu'ils étoient
jugés ennemis, les vigies arboroient un
drapeau rouge, et lorsqu'ils se dirigeoient
vers Gibraltar, elles accompagnoient le
signal de plusieurs coups de canon.

Les Maures avoient élevé des tours en

(*) Diodore.

Espagne; ils les avoient placées sur les lieux les plus éminens, afin d'y poser des vigies. On voit encore aujourd'hui plusieurs de ces bâtiments.

Hector Boëce, historien écossois, dit que de son temps encore (au seizième siècle) on voyoit dans la Grande-Bretagne les restes de quelques mâts élevés en divers lieux, au sommet desquels étoient des barils de poix, destinés à servir de signaux, et que les habitants du pays de Galles se sont aussi servi des mêmes moyens pour correspondre. Pennant a découvert et exactement désigné une longue suite de stations dans ce pays, depuis Peudebu jusqu'à Copirgolcuni (colline de feu), destinées à cet usage.

Les Arabes et les Asiatiques pratiquoient l'art de parler par signaux. Si l'on en croit d'Halselquist et Marigny, les Chinois, chez lesquels on retrouve presque toujours des traces de ce que nous croyons avoir inventé en Europe, avoient élevé des machines à feux sur la grande muraille, longue de cent quatre-vingt-huit lieues, pour donner l'alarme à toute la frontière qui les séparoit des Tartares, lorsque quelques hordes de ce peuple les menaçoient. Ils employoient, ainsi que les Indiens, des feux qui produisoient une lumière si brillante, qu'elle s'apercevoit au travers des brouillards, et que ni le vent ni la pluie ne pouvoient éteindre. On assure que les Anglois ont apporté de l'Inde la composition de ces feux, qu'ils les employèrent pour les observations trigonométriques relatives à la jonction des observatoires de Paris avec Greenwich. (*) (*Note 2 bis.*)

Des continuateurs de Théophane font mention de signaux de feu dont on se servoit à Constantinople : ils étoient placés sur huit montagnes, et signaloient en peu d'heures les mouvements des Sarrasins. La première position étoit près

_____

(*) *Bibliothèque britannique*, mai 1796, deuxième quinzaine.

de Tarses; venoient ensuite celles des monts Argent, Isamus, Égisus, la colline de Mamas, le Cérisus, le Mocilus, la colline Auxentius, et le cadran du phare du palais. (*)

Un moine appelé Trithème fit paroître, vers la fin du quinzième siècle, un système qu'il appela *stanographia Trithemiana* : l'objet de cette invention est d'envoyer, par le moyen du feu, des avis à quelque distance que ce soit; mais ce moyen n'est jamais parvenu à la connoissance du public. On en trouve cependant quelques notions dans le *Trithemii Epist. ad Arnoldboslium*, insérées dans *Scholli Thaumaturgus Physicus*, et dans Vallius, *Disput. de arte Trithemiana scribendi per ignem*; mais ces notions sont si confuses, qu'elles ne méritent aucune attention.

Celui de tous les télégraphes phrasi-

_____

(*) *Voyez* Gibbon, *Histoire de la Décadence de l'Empire romain*, 14ᵉ vol., p. 410, à la note.

ques qui étoit le plus facile à comprendre,
et qui exprimoit les phrases les plus éner-
giques, étoit celui de Tamerlan; il s'en
servoit lorsqu'il faisoit un siége, et n'employoit que trois signaux : le premier
étoit un drapeau blanc qui exprimoit
cette phrase : « Rendez-vous ; Tamerlan
« usera de clémence. » Un drapeau rouge
annonçoit, le deuxième jour, qu'il falloit du sang, que le commandant de la
place et ses principaux officiers paye-
roient de leur tête le temps qu'ils lui
avoient fait perdre. Il arboroit, pour le
troisième et dernier signal, un drapeau
noir, ce qui signifioit : « Soit que la
« place se rende, ou qu'elle soit prise
« d'assaut, tout sera mis à feu et à sang;
« la ville sera détruite. »

CHAPITRE II.

Télégraphes destinés à transmettre toutes les idées, d'après le système alphabétique.

Nous ne nous sommes pas encore aperçus que l'art télégraphique se soit perfectionné; Polybe est le seul qui paroisse avoir essayé de lui faire faire quelques progrès, en y appliquant un système alphabétique; mais nous avons déjà fait observer que les lenteurs qu'eût exigé la manière dont il donnoit ses signaux, jointes à la multitude de signes nécessaires pour rendre une lettre et pour former des mots, eussent produit une confusion et une perte de temps, qui rendoient impossible la transmission d'une dépêche de médiocre étendue à une grande distance. Aussi Polybe ne présentoit-il cette méthode que pour servir dans un camp, d'un quartier à un autre, ou pour donner un ordre et faire passer des avis à une ville assiégée.

Ce n'est que depuis le commencement du seizième siècle qu'on a voulu donner plus de généralité au langage des signaux. Un zèle ardent animoit alors les savants; ils interrogeoient la nature pour obtenir d'elle la révélation des secrets qu'elle avoit cachés jusqu'alors, et ils enveloppoient leurs prétendues découvertes d'un voile mystérieux, pour leur donner plus de prix aux yeux du vulgaire, et faire concevoir une plus haute idée du savoir et de la puissance de ceux qui les avoient faites. Aussi voulurent-ils donner le moyen de correspondre à de grandes distances, sans communication et sans signes ostensibles; les autres manières leur paroissoient trop simples, et avoir une espèce de trivialité que le génie dédaigne.

Quelques uns annoncèrent qu'ils pouvoient communiquer avec leurs adeptes par le moyen d'aiguilles aimantées, qui se mouvoient sympathiquement sur des cadrans semblables. Paracelse, Maxwel et Santanelli prétendirent qu'on peut agir sur des personnes éloignées de cent lieues, avec un alphabet magnétisé. (*)

Ces découvertes paroissent n'être pas perdues pour nous : des partisans du magnétisme animal offrent encore aujourd'hui de faire connoître aux incrédules du dix-neuvième siècle des prodiges aussi étonnants, produits par ce fluide.

Porta, qui fonda la société appelée l'*Académie des Secrets*, et qui fit un *Traité de Magie naturelle*, voulut établir un télégraphe dans la lune (**). Il publia qu'il y feroit parvenir, par des miroirs, des mots qui seroient réfléchis sur toute la terre.

(*) *Dictionnaire des Sciences médicales*, verbo *Magnétisme*.

(**) *Magia naturalis*, L. 17, ch. 17; *Philosophia occulta*, L. 1er.

Cornelius Agrippa avoit déjà trouvé que Pythagore, voyageant en Égypte, écrivoit à ses amis avec des caractères tracés sur la lune.

Kircher, quelque infatué qu'il soit du merveilleux, traite cette belle découverte de chimère. Pour que la lune pût, ajoute-t-il, produire cet effet, il faudroit qu'elle eût la propriété de réfléchir les objets comme une glace; que le miroir qui lui feroit passer les signaux fût aussi grand que le diamètre de la terre, et que chaque signe eût vingt degrés de hauteur.

Cette objection nous paroît aussi difficile à concevoir que le système de Porta.

Quoi qu'il en soit, Kircher voulut aussi employer les rayons réfléchis de la lune et du soleil pour établir une correspondance télégraphique. Son procédé étoit d'écrire sur un miroir de métal les lettres des mots qu'il vouloit transmettre : on plaçoit à quelque distance une lentille de verre, au travers de laquelle on réfléchissoit avec le miroir les rayons du soleil sur le lieu où l'on vouloit les faire parvenir. Ce lieu doit être une chambre dont les murs intérieurs soient peints en noir. L'image des caractères tracés sur le miroir se dessine sur la muraille; les lettres conservent même la couleur qu'on leur a donnée en les écrivant; et si au lieu d'une phrase vous peignez une figure, le spectre réfléchi par le miroir conserve les formes et les couleurs que vous avez données au dessin. C'est ainsi que Roger Bacon, dit Kircher, se rendoit visible à ses amis absents. (*Planche IV*.)

La même méthode peut servir pendant la nuit : en recueillant les rayons d'un flambeau ou de la lune avec un verre propre à grossir les objets, les caractères et les dessins, dit Kircher, seront portés fort loin.

Cette dernière phrase nous paroît fort vague; c'est la distance à laquelle les rayons peuvent être réfléchis, qui est le

point capital dans cette opération : il paroît incroyable, remarque Kircher lui-
même, qu'avec un miroir on puisse « se
« parler à une distance de trois lieues ;
« car les caractères tracés sur la glace
« s'affoiblissent à raison de l'éloignement,
« et se grossissent jusqu'à devenir comme
« des tours. Ma découverte n'en est pas
« moins certaine ; c'est une chose indu-
« bitable, c'est une chose vraiment di-
« vine ; je ne l'ai confiée qu'à une seule
« personne, et elle peut assurer la réa-
« lité de ce que j'avance. » (*Note* 3.)

Il est difficile de bien juger de cette
espèce de lanterne magique, sans faire
une suite d'expériences qui puissent servir à constater les faits annoncés par l'auteur, et à trouver ceux dont il avoue
n'avoir eu ni le talent, ni les moyens de
faire la découverte.

Un autre partisan des sciences occul-
tes, François Kesler, ne portoit pas ses
prétentions aussi haut que Porta : il en-
ferma son télégraphe dans un tonneau

couché par terre, dans lequel il plaçoit un réflecteur et une lampe suspendus à un crochet; devant un des bouts du tonneau étoit une trappe, qu'on levoit ou baissoit à volonté par le moyen d'une verge.

On laissoit tomber la trappe une fois, pour exprimer la première lettre de l'alphabet, deux fois pour la deuxième lettre, et ainsi de suite. (*Planche V.*)

Nous retrouvons toujours le système alphabétique, et on le conserva longtemps, parce qu'on ne le soumit pas à l'épreuve de l'expérience.

Becher, médecin de l'électeur de Mayence, et Gaspard Schott voulurent perfectionner la méthode de Polybe. Ils proposèrent de se servir de bottes de paille ou de foin, qu'on feroit rouler sur cinq mâts séparés les uns des autres; chaque mât seroit gradué en cinq divisions, et chaque division auroit la valeur d'une lettre qui seroit désignée par la station de la botte de foin; un flambeau remplaceroit le foin pendant la nuit.

C'étoit une amélioration au système de Polybe, en ce que cette méthode n'exigeoit que deux signes par lettre ; mais ces divisions n'eussent pas été aperçues, et Becher le sentit lui-même, comme on le voit dans une lettre qu'il écrivit à Schott, où il annonçoit qu'il n'emploieroit plus que deux signaux.

Il n'a pas expliqué de quelle manière il eût combiné ces deux signaux ; mais ce ne pouvoit être que par l'arithmétique binaire. Il l'avoit, à ce qu'il paroît, trouvée avant Leibnitz.

Bouvet, missionnaire à la Chine, assure qu'elle étoit connue il y avoit quatre mille ans, par l'empereur Fohi, fondateur des sciences à la Chine. (*)

Becher n'auroit pas atteint le but qu'il se proposoit : la multiplicité des caractères qu'exige l'arithmétique binaire, produiroit autant de signaux que la répétition des feux de Polybe : le nombre 1738

(*) *Dictionnaire encyclopédique*, art. *Binaire.*

seroit exprimé par les onze chiffres sui-
vants : 11011001010. (*)

Le lecteur doit éprouver de l'impa-
tience en voyant le tableau des efforts infructueux faits pour produire un bon télégraphe ; la cause du peu de succès de
ces tentatives, est qu'elles n'ont pas eu
pour bases des expériences faites avec
soin.

Celui qui, jusqu'au temps où il a vécu,
a approché le plus près des vrais principes de l'art télégraphique, est le célèbre
Robert Hooke ; il substitua aux drapeaux
et aux pavillons, les formes des corps
opaques isolés dans l'atmosphère. On
trouve dans un de ses discours qui fut lu,
en 1684, à la Société Royale de Londres,
des remarques sur la manière de placer
les stations; sur le plus ou moins de lumière qui éclaire les machines, suivant
leurs différentes positions; et sur la direction du rayon visuel, qui sont le ré-

(*) *Mémoire de l'Académie des Sciences*, an. 1741.

sultat d'observations faites par un physi-
cien habile. Mais la machine dont il
voulut se servir, et la manière d'appliquer ses signaux aux idées, étoient très
défectueuses : des planches peintes en
noir, élevées au milieu d'un châssis, formoient ses signaux (*Planche VI*); elles
exprimoient les lettres de l'alphabet et
quelques unes des phrases nécessaires
pour diriger les stationnaires dans l'exécution de leurs manœuvres.

Le hissement successif de ses figures,
qu'il faut attacher, hausser, baisser, dé-
tacher chaque fois qu'on change de lettres,
est fort long et fort incommode, et il
paroît que Hooke n'avoit pas encore réfléchi à l'application des signes, puisqu'il
ne s'étoit pas élevé au-dessus du système
alphabétique.

Il avoit voulu employer à peu près les
mêmes moyens pour un télégraphe de
nuit, mais on ne connoît pas de quelle
manière il s'en servoit. Derham, éditeur
des ouvrages posthumes de Hooke, dans

lesquels se trouve le discours sur la télégraphie, fait observer que ce n'est pas
la faute de l'éditeur, si l'on trouve de
l'obscurité ou quelque chose d'inintelligible dans les explications de Hooke. Le
manuscrit de l'auteur avoit des feuilles
déchirées, et des pages d'une écriture illi-
sible. C'est surtout pour le télégraphe de
nuit que ces lacunes se font sentir : « Si
« on travaille de nuit, dit Hooke, on
« supplée aux caractères de bois par des
« flambeaux ou de forts lampions dis-
« posés dans un certain ordre, et qui,
« suivant qu'on les fait paroître et dis-
« paroître, représentent l'un des carac-
« tères convenus. De cette manière on
« peut figurer toutes les lettres possibles,
« très clairement et sans équivoques. »

L'auteur n'avoit probablement pas fait
d'expériences avec son télégraphe de nuit:
la planche gravée jointe à son discours
indique à peu près l'ordre dans lequel il
avoit le projet de placer les flambeaux et
les lampions (*Planche VII*); cette mé-

thode seroit impraticable, les feux se confondroient ensemble, et ne formeroient
aucune figure distincte, à moins qu'ils ne
fussent à une distance considérable les
uns des autres, ce qui seroit impossible
dans son système.

Le marquis de Worcester, qui vivoit
avant Hooke, et qui avoit aussi une imagination très féconde, prétendit avoir
découvert cent machines nouvelles, et il
demanda, sous le règne de Charles II, une
somme d'argent pour les publier; elle
lui fut refusée. On a dit que le télégraphe et la pompe à feu faisoient partie de
ces machines; mais il ne nous est rien
resté du résultat de ses recherches. (*)

Des Anglois voulurent, en 1747, employer l'électricité pour établir des communications télégraphiques.

Le docteur Watson, assisté de Folkes,
Cavendish, Berwis, Graham, Birch,

(*) Voyez *Curiosités de la Littérature*, traduction
de Bertin, p. 58.

Daval, Trembley, Ellicot, Robin, et Schort, a fait, les 14 et 18 juillet 1747, sur la Tamise, des expériences dans lesquelles on se servit pour s'entendre, d'une rive à l'autre, de la décharge de batteries électriques. Les deux observateurs étoient à deux milles anglois l'un de l'autre. L'expérience démontra que la matière électrique pouvoit parcourir un espace de quatre milles anglois en un clin d'œil.

On a donné dans le *Dictionnaire encyclopédique* la description d'un télégraphe qui a quelque ressemblance avec celui de Hooke : elle consiste à découper sur six tablettes six figures ; on couvre les parties découpées d'un papier très mince et huilé ; chacune de ces tablettes prend quatre positions différentes pour représenter quatre lettres de l'alphabet ; on expose au milieu d'un châssis percé à jour la tablette qui désigne la lettre qu'on veut indiquer, et on s'éclaire pendant la

nuit par des flambeaux placés derrière.
(*Planche VIII.*)

Ce moyen a sur celui de Hooke l'avantage de n'employer que six indicateurs
au lieu de vingt-quatre.

Il rappelle les combinaisons formées
par Sébastien Truchet avec deux pavés,
mi-partie en couleur par leur diagonale.

Ce savant s'aperçut, en faisant paver
une chapelle avec des carreaux de deux
couleurs chacun, qu'il y avoit soixante-
quatre manières différentes de placer
deux de ces carreaux en rapport l'un avec
l'autre; l'un des deux peut prendre quatre
situations dans chacune desquelles l'autre
peut changer seize fois de position (*).
(*Planche IX.*)

Truchet ne pensa pas à se servir de sa
découverte pour faire un télégraphe; il
eût présenté un moyen plus simple que

(*) Voyez l'*Histoire de l'Académie des Sciences*,
année 1704.

4

ceux décrits dans les deux paragraphes précédents.

Nous n'avons pas encore trouvé de Français parmi ceux qui se sont occupés de l'art des signaux ; mais à la fin du dix-septième siècle, Amontons fit deux expériences télégraphiques, et transmit des signaux à une distance peu éloignée.

Fontenelle fait remarquer qu'en multipliant les stations on eût pu envoyer des dépêches de Paris à Rome; mais il ignoroit combien il est différent de transmettre une dépêche directement d'un lieu à un autre, ou de la faire passer par un grand nombre de stations intermédiaires pour arriver à sa destination. Amontons n'avoit jamais fait cette expérience, et il ne nous reste aucune notion sur la machine dont il s'est servi; nous savons seulement qu'il employoit le système alphabétique.

Marcel, commissaire de la marine à Arles, présenta au roi, en 1702, un mémoire dans lequel il annonçoit avoir trouvé le moyen de transmettre jour et nuit un avis imprévu à deux lieues de distance, dans l'intervalle de temps qu'il eût fallu pour l'écrire. Il annonce avoir fait plusieurs expériences à Arles, et qu'il a envoyé le dessin de sa machine au ministre du roi, parce que ses facultés ne lui permettoient pas de faire faire le transport de sa machine même d'Arles à Paris.

La machine et le dessin ont été perdus; il ne nous en a pas même laissé la description; il vouloit que sa méthode ne fût publiée que lorsqu'elle auroit été adoptée par le roi.

Nous ignorons si c'est la manière d'Amontons que Guyot nous a transmise dans ses *Récréations mathématiques*. Il ne prétend pas en être l'auteur, et personne avant lui, si ce n'est Amontons, ne s'étoit occupé en France de télégraphie, excepté Marcel, dont les moyens télégraphiques ont toujours été inconnus.

La description de Guyot est à peu près celle que Paulian, si l'on en croit plusieurs auteurs, a insérée dans son *Dic-tionnaire de Physique*. Il propose de découper dans un grand chàssis peint en noir, de vingt pieds carrés, une croix de quatorze pieds de long et de trois pieds de large; cet espace vide peut être ouvert ou fermé en tout ou partie avec des trappes; l'ouverture et la fermeture des trappes procure deux cents combinaisons diverses; les espaces vides sont traversés le jour par la lumière du soleil, et la nuit par celle des flambeaux.

Bockmann, auteur allemand dont nous avons tiré cette description, parce que nous n'avons pas trouvé cet article dans le Dictionnaire de Paulian, propose contre ce moyen beaucoup d'objections très raisonnables. Nous verrons cependant par la suite que les Anglois se sont emparés de cette idée pour faire leur premier télégraphe.

Le savant auteur de l'*Origine de tous les Cultes* présenta, en 1778, au ministère un projet de télégraphe alphabétique.

Ce ne fut que dix ans après qu'il en fit l'essai à Ménil-Montant, pour correspondre de sa maison à celle d'un ami qu'il avoit à Bagneux.

Lorsque le télégraphe de Chappe fut présenté, en 1792, à l'Assemblée législative, Dupuis, qui en étoit membre, abandonna son travail.

Linguet ne fut pas plus heureux auprès du gouvernement en 1783, que Dupuis ne l'avoit été en 1778. Il offrit au ministère françois, en 1783, pour sortir de la Bastille « un moyen de transmettre, aux « distances les plus éloignées, des nou- « velles de quelque espèce et de quelque « longueur qu'elles fussent, avec une ra- « pidité presque égale à l'imagination. »

Il se servoit, à ce qu'il annonce, d'un instrument très commun dans les ateliers de menuiserie ; on ne sait pas quel il est, et comment il le faisoit agir. Il fut fait une expérience devant des commissaires nommés par un ministre. Linguet dit que cette expérience réussit ; le projet ne fut

pas adopté, il n'est resté aucune trace de
son procédé. Cependant un auteur allemand a osé publier, et plusieurs autres
ont répété après lui, que MM. Chappe
avoient mis en exécution ce projet qui,
disoient-ils, avoit été trouvé par Robes-
pierre dans les papiers de Linguet, lorsqu'il fut guillotiné. Cette anecdote est
évidemment controuvée, puisque le télégraphe Chappe fut présenté à l'Assemblée législative en 1792; et que ce n'est
qu'au mois d'octobre 1793, que Linguet
fut arrêté. Il ne fit aucune réclamation
pendant l'année qui s'écoula depuis la
publicité qu'on donna à la nouvelle invention télégraphique, jusqu'au jour où
il fut enfermé, et cependant beaucoup
de personnes n'ont pas craint de s'en dire
les auteurs.

M. de Courrejolles entre autres a in-
séré dans la *Chronique universelle*, « qu'il
« prit, en février 1783, les îles turques
« situées à trente lieues nord-est du Cap
« François, quoiqu'elles fussent entourées

« par l'escadre de l'amiral Hood. Il fut
« forcé d'employer tous les moyens qu'il
« put imaginer pour surveiller les mou-
« vements de l'escadre : au nombre de ces
« moyens étoit un télégraphe placé sur
« la montagne la plus haute des îles ;
« il lui servit à s'opposer aux tentatives
« des troupes qu'une division de l'es-
« cadre du commodore Nelson mit à
« terre. Le télégraphe donna des ordres
« partout, et par ce moyen les disposi-
« tions préparées par M. de Courrejolles
« réussirent si bien que les Anglois fu-
« rent obligés de se rembarquer dans la
« journée.

« Enhardi par ce succès, l'auteur pro-
« posa au ministre de la guerre de faire
« manœuvrer toutes les troupes de l'ar-
« mée par des signaux ; mais sa de-
« mande fut oubliée.

« A l'époque où son mémoire fut re-
« mis au ministre, l'un des frères Chappe
« vint, dit-il, le trouver au Lycée, et lui
« demanda comment il donnoit ses si-

« gnaux. M. de Courrejolles lui fit part
« de quelques uns de ses moyens, et il
« assure qu'ils furent préférés aux autres,
« puisque le télégraphe Courrejolles fut
« établi sur le pavillon des Tuileries. »

Pour entendre la fin de ce récit, il
faut savoir qu'il fut établi deux machines
télégraphiques différentes : l'une placée
sur le Louvre, et l'autre sur le pavillon
du milieu des Tuileries. Ce dernier, que
M. de Courrejolles prétend ressembler
au sien, avoit été inventé par Monge; on
ne s'en est jamais servi; et M. de Courrejolles a acquis assez de gloire aux îles
turques pour qu'il ait besoin de revendi-
quer la paternité d'un enfant mort en
naissant.

CHAPITRE III.

Application des nombres aux signaux.

LES projets que nous venons de faire connoître prouvent que beaucoup de personnes d'un mérite distingué se sont occupées de l'art des signaux. Nous ne voyons cependant pas encore qu'il ait fait beaucoup de progrès : les machines sont mal combinées pour servir à de longues distances ; la manière d'appliquer les signaux aux idées est restée la même depuis plusieurs siècles, et n'a jamais·été compatible avec la célérité qu'exige le télégraphe, à moins qu'on ne l'ait destiné à transmettre des phrases convenues.

Bergtrasser, professeur à Hanau, est, à ce que nous croyons, le premier qui ait changé cette manière en employant les caractères numériques pour l'intelli-

gence des signaux sur terre, et qui ait
modifié la méthode ordinaire de numération pour en rendre l'usage plus expé-
ditif dans les opérations télégraphiques.

Nous avons dit dans le Chapitre précédent que Bécher avoit employé l'arithmétique binaire, mais ce n'étoit qu'une
conjecture.

Bergtrasser a publié, en 1784, 85, 86,
87 et 88, sous le titre de *Sinthématographie,* plusieurs volumes sur les moyens
d'écrire de loin. Il paroît qu'il s'est proposé,
comme OEneas, de rendre les signaux
utiles à la guerre ; et pour atteindre ce but,
il emploie l'air, le feu, la fumée, des feux
réfléchis sur les nuages, l'artillerie, des
fusées, des explosions de poudre à canon,
des flambeaux, des vases remplis d'eau,
le son des cloches, des trompettes, des
tambours, des instruments de musique,
des cadrans, des drapeaux, des fanaux,
des pavillons, et même la lune, car les
expériences de Porta ne lui paroissent
pas impossibles.

On voit qu'il n'avoit pas seulement le projet de faire un télégraphe, mais de rassembler tous les moyens qu'on avoit proposés jusqu'alors pour les joindre à ce qu'il avoit découvert lui-même, sauf à ceux qui voudroient s'en servir à les accommoder au temps et aux circonstances; mais comme chacun de ces instruments télégraphiques ne lui fournit guère qu'un ou deux signaux primitifs, il est obligé de répéter ces signes autant de fois que chaque caractère numérique exprime d'unités : c'est-à-dire de donner un signal pour le chiffre 1, deux signaux pour le chiffre 2, trois pour le chiffre 3, etc. Pour remédier à cet inconvénient il a cru nécessaire de substituer à l'arithmétique vulgaire un autre système de numération qui augmente la quantité des chiffres, mais diminue celle des unités. L'arithmétique binaire et quarternaire de Weigel lui ont donné l'idée d'une formule qui lui est particulière, fondée sur la combinaison des puissances de 4 et 5, qu'il nomme par cette raison *tessaropen-tade*. Supposons un mot dont la place soit marquée dans le vocabulaire au nombre 9875; si l'on vouloit en signaler toutes les unités par autant de coups de canon, groupés par des intervalles pour distinguer les chiffres, il seroit nécessaire de tirer vingt-neuf coups de canon; plus, de laisser trois intervalles entre 9, 8 et 7. M. Bergtrasser transforme le nombre 9875 par la tessaropentade en celui de 2113333, lesquels, additionnés, donnent 16 unités au lieu de 29; mais il y a quatre intervalles de plus, de manière que la tessaropentade augmente la perte du temps en diminuant le nombre des unités.

Une partie de la sinthématographie contient la manière d'employer tous les moyens télégraphiques que Bergtrasser a recueillis ou imaginés, et l'autre partie est remplie de longs détails sur l'application de sa formule arithmétique, dont nous n'indiquons que le résultat, parce

que l'explication en seroit trop longue,
et que nous ne croyons pas qu'elle puisse
être d'une grande utilité pour la science
des signaux.

CHAPITRE IV.

Son.

LE parti qu'on peut tirer du son, pour les communications télégraphiques, n'a pas été oublié dans la sinthématographie, puisqu'on y propose d'employer le canon, les tambours, les trompettes et les cloches; on n'a cependant pas donné à l'explication de ce moyen tout le développement dont il est susceptible.

Nous avons déjà fait mention des signaux de voix employés du temps de César, et de ceux de ce roi de Perse qui communiquoit de Suze à Athènes par la voix des sentinelles qu'il avoit placées de distance en distance; il n'employoit pour franchir cet espace que quarante-huit heures; Diodore de Sicile assure même que les dépêches parcouroient en un jour trente journées de distance.

Scheventer en 1636, et Kircher en 1550, ont fait des traités sur les signes auriculaires (*). Ils vouloient parler avec des instruments de musique, en traduisant en notes des lettres de l'alphabet : on voit maintenant sur les murs de Paris une affiche qui annonce un cours pour apprendre à parler avec le violon. On trouve dans le septième volume de la collection des *Voyages* de Bernouilli à Berlin, la description d'un instrument formé de cinq cloches, pouvant exprimer tous les signes de l'alphabet.

Les résultats obtenus par la voix des sentinelles du roi de Perse sont fort exagérés, et ceux indiqués par Scheventer ne peuvent être que très rarement utiles ; mais s'il étoit vrai qu'Alexandre eût trouvé le moyen de se faire entendre, par toute son armée, à quatre lieues de distance, il ne nous resteroit qu'à re-

_____

(*) Voyez art. *Magna consoni et dissoni et musurgia universalis.*

chercher le procédé qu'il a employé. On prétend qu'il se servoit d'un instrument auquel on a donné le nom de *tuba-sten-torophoniqua*. Edgervort assure que la figure en a été conservée au Vatican. (*)

Le chevalier de Morland, qui a fait des expériences de ce genre, n'a pas atteint cette perfection ; mais il a inventé des trompettes parlantes, qui donnent au son beaucoup d'intensité. Il en présenta une en 1670 au roi d'Angleterre, de deux pieds deux pouces de long ; elle avoit onze pouces de diamètre à l'un des bouts, et deux pouces et demi à l'autre. Le roi encouragea cet essai, et Morland fit faire une trompette d'airain de quatre pieds et demi de long, douze pouces de diamètre à l'un des bouts, et de deux pouces à l'autre ; et afin de pouvoir plus commodément ouvrir et fermer la bouche, sans perdre aucune partie du souffle,

---

(*) Voyez *Transaction Iris academia*, vol. VI.

il plaça au petit bout du tube un appareil destiné à se prêter à tous les mouvements de la bouche, et à l'emboîter de manière à ne pas laisser sortir la voix latéralement. Le roi et la famille royale entendirent très bien, mot pour mot, les paroles qu'on leur adressa d'un lieu situé à un mille et demi anglois, quoique le vent fût contraire. Une troisième et une quatrième trompette en cuivre eurent encore plus de succès ; le roi les envoya au château de Deale, dont le gouverneur écrivit au ministre qu'on entendoit la plus grosse en mer, à trois milles anglois du rivage. (*Planche X.*)

Les essais de Morland n'ont pas été faits avec une grande précision. Ils lui ont fourni cependant quelques données qui peuvent être utiles à ceux qui feront de nouvelles recherches de ce genre. Il assure avoir constaté qu'il est nécessaire que le petit bout de la trompette soit ajusté exactement à l'orifice de la bouche, pour empêcher la déperdition du son

5

qui a lieu lorsque cette ouverture n'est pas parfaitement emboîtée.

Les tuyaux doivent être élargis par degré, et le son augmente en avançant vers l'extrémité du tube.

Il seroit intéressant de connoître jusqu'à quelle longueur cette progression se fait sentir ; dans quelles espèces et dans quelles formes de tuyaux le son se prolonge le plus ; si le poli ou la rugosité des parois intérieures des tubes influe sur la propagation du son.

Dom Gantey a fait, en 1782, quelques essais sur cet objet avec les tuyaux qui conduisent l'eau de la pompe de Chaillot, et il assure qu'avec trois cents tuyaux de mille toises chacun, on feroit passer, en cinquante minutes, les dépêches à cent cinquante lieues.

Dom Gantey fit paroître, en 1783, un *Prospectus* imprimé à Philadelphie, dans lequel on voit qu'il avoit proposé à l'Académie des Sciences deux moyens absolument nouveaux « pour faire parvenir

« une dépêche avec la plus grande célé-
« rité. En se servant du premier, dit-il,
« on pourra donner un signal à plus de
« cent lieues en moins d'une minute, et
« ce signal aura le double avantage d'être
« prompt et secret, puisqu'il pourra par-
« tir d'un endroit fermé, secret et clos,
« et parvenir à un lieu semblable, sans
« qu'on puisse s'en apercevoir dans l'in-
« tervalle : il aura lieu bien plus la nuit
« que le jour, et en toute saison, et pourra
« se donner et se renouveler à toute heure,
« en tout temps, et sans une nouvelle
« dépense ; enfin, il pourra se porter à
« trente lieues en quelques secondes,
« sans stations intermédiaires ; et il
« n'est question ni d'électricité, ni d'ai-
« mant.

« Avec le second moyen, dit Gantey,
« je crois pouvoir me flatter de faire par-
« venir l'avis le plus détaillé et l'instruc-
« tion la plus longue à cent lieues dans
« une demi-heure. »

Ces deux nouvelles découvertes furent

soumises à l'examen de l'Académie des
Sciences, et MM. de Condorcet et de
Milly, commissaires nommés pour les
examiner, insérèrent dans leur Rapport
du 15 juin 1782, sur la première découverte, que le moyen présenté leur avoit
paru praticable, ingénieux et nouveau;
« qu'il n'avoit aucune analogie avec les
« moyens connus, et qu'on pourroit don-
« ner, par ce moyen, un signal à trente
« lieues en quelques secondes, sans sta-
« tions intermédiaires; que l'appareil ne
« seroit ni cher, ni incommode; qu'ils
« avoient mis au bas du *Mémoire* de dom
« Gantey les raisons de leur opinion sur
« la possibilité de ce moyen, dont l'auteur
« vouloit garder le secret. » Ce secret a
été en effet enfermé sous un cachet, sous
lequel il est encore dans les archives de
l'Académie des Sciences.

Les mêmes commissaires furent nommés pour faire un Rapport sur le second
moyen; mais Gantey les pria d'en suspendre l'examen jusqu'à ce qu'il se fût

procuré l'argent nécessaire pour faire des expériences en leur présence. Il ouvrit une souscription qui fut insuffisante pour subvenir aux frais que devoit occasionner l'épreuve qu'il vouloit faire, et le Rapport n'a pas eu lieu. Mais Gantey a exposé ce second moyen : « Il consiste, « dit-il encore, à propager la voix secrè- « tement à une grande distance. Un son « se fait entendre beaucoup plus aisément « lorsqu'il est resserré et retenu dans un « espace étroit, et l'on sait qu'en parlant « à l'embouchure d'un tuyau, quoique « très long, on se fait entendre très dis- « tinctement à l'autre bout; que le son « même de la voix se trouve augmenté « par les répercussions qui se font aux « parois d'un tuyau. Cet effet une fois « reconnu, jusqu'à quel point, jusqu'à « quelle distance peut-il avoir lieu? et « peut-il se porter dans des tuyaux con- « tinus et toujours prolongés? C'est ce « que personne n'avoit cherché à appro- « fondir : on n'a pu jusqu'à ce moment

« s'assurer que d'une longueur de quatre
« cents toises, qui est celle d'un des tuyaux
« de la pompe de Chaillot; mais on peut
« conclure de l'effet qui en résultoit que
« le son pourroit s'étendre à une distance
« beaucoup plus grande. J'ai fait une
« autre expérience dans un tuyau de
« cent dix pieds avec une montre; on
« entendoit à l'autre bout le bruit du
« balancier beaucoup plus fort et plus
« distinctement que si la montre eût tou-
« ché l'oreille. Le même phénomène se
« reproduisoit dans les sinuosités d'un
« cor de chasse qui faisoit dix tours.
« On pourroit établir un courant d'air
« dans les tuyaux : le son trouveroit moins
« de résistance dans une colonne d'air en-
« traînée vers la même direction, et il
« recevroit une double impulsion qui
« contribueroit à le porter à une plus
« grande distance. Supposons qu'à l'em-
« bouchure d'une suite de tuyaux formant
« la longueur d'une lieue, un homme,
« en articulant quelques mots, puisse être

« entendu distinctement à l'autre extré-
« mité par un second, qui feroit passer
« les paroles par un autre tuyau de la
« même longueur à un troisième, et ainsi
« de suite, le son, ne mettant guère qu'une
« seconde pour parcourir quatre-vingts
« toises, fera trois cents lieues dans une
« heure. » (*Note* 4.)

M. Biot s'est occupé de quelques unes
des recherches que Gantey se proposoit
de faire. Il a lu à l'Académie des Sciences
un *Mémoire* qui contient le récit de plusieurs belles expériences sur la propagation du son à travers les corps solides et
à travers l'air dans des tuyaux très allongés : il y fait connoître que la propagation
du son est plus rapide à travers les corps
opaques qu'à travers l'air, et il apprécie
la différence de cette vitesse avec une sa-
gacité et une précision qui prouvent combien nos modernes physiciens mettent
de soin et d'exactitude dans leurs observations : « En faisant l'examen de cette
« différence, j'eus l'occasion, dit-il, d'ob-

« server plusieurs phénomènes dignes de
« remarque, relativement à la faculté
« avec laquelle les sons, même les plus
« foibles, se soutiennent et se propagent
« dans les tuyaux à une distance où l'on
« s'imagineroit difficilement qu'ils pus-
« sent être sensibles.

« Dans les premières expériences, à
« la distance de 197 mètres, on s'enten-
« doit si bien de l'un à l'autre bout par
« le tuyau, que cela devint incommode.
« La simple conversation à 2 mètres de
« l'orifice étoit parfaitement entendue;
« une autre tentative, faite à 395 mè-
« tres, ne réussit pas aussi bien; il fallut
« crier bien haut; et à une troisième ex-
« périence faite à 951 mètres, on enten-
« doit à peine la voix, en parlant avec
« toute la force possible. Le son d'un
« timbre et celui d'un marteau ne s'en-
« tendoient plus par l'air; le son seul,
« propagé à travers le métal, paroissoit
« sensiblement transmis.

« L'extrême facilité avec laquelle on

« s'étoit entendu d'abord de 200 mètres,
« rendoit cet affoiblissement inexpli-
« cable. Pour savoir si le son s'affoiblis-
« soit dans une proportion aussi forte,
« j'essayai de détruire ou d'affoiblir les
« causes du bruit étrangères et voisines,
« qui pouvoient couvrir le son, et je
« choisis les heures de la nuit les plus
« calmes, pour faire de nouvelles expé-
« riences : on entendit alors non seule-
« ment les deux sons du marteau et du
« timbre, mais la voix même la plus
« basse, de manière à distinguer parfai-
« tement les paroles pendant une con-
« versation suivie. »

M. Biot voulut déterminer ensuite le
ton auquel la voix cessoit d'être sensible, et il ne put y parvenir : « Les mots
« dits aussi bas que lorsqu'on parle en
« secret à l'oreille, étoient reçus et ap-
« préciés.

« Des coups de pistolet, tirés à l'une
« des deux extrémités, occasionnoient
« à l'autre une explosion considérable ;

« l'air étoit chassé du tuyau avec assez de
« force pour jeter, à plus d'un demi-
« mètre, des corps légers, et pour étein-
« dre des lumières, quoiqu'il y eût 950
« mètres d'où partoit le coup. »

On ne voit rien, dans la théorie mathématique du mouvement de l'air, qui
indique que le son doive s'affoiblir dans
des tuyaux cylindriques ; il est donc pro-
bable que, si l'on continuoit ces expériences avec soin, on obtiendroit des
résultats curieux et utiles. Peut-être trouveroit - on le moyen de faire un télégraphe, ou plutôt un télélogue, dont la
correspondance ne seroit pas entravée
par les variations de l'atmosphère.

On ne sait pas encore jusqu'où peut
s'étendre l'expansion du son, l'influence
que la répercussion et les milieux qu'il
traverse peuvent avoir sur son intensité.
Franklin assure avoir entendu, à la distance d'un mille et demi sous l'eau, le
son de deux pierres qu'on avoit fait cho-
quer l'une contre l'autre au fond d'une

rivière, et que le son ne paroissoit pas affoibli par l'éloignement, comme celui qui vient par l'air. (*)

Des globes de feu, formés par des météores élevés à trente milles d'élévation, produisent, en éclatant à cette hauteur, un bruit que l'on entend sur la terre à soixante-dix milles à la ronde (**). Le traducteur de Franklin ajoute qu'il a entendu à Paris des coups de canon tirés à Lille.

On lit dans la *Géographie générale* de Varenius (Liv. 1er, p. 41), qu'il gravit, en 1615, une montagne à la hauteur d'un mille d'Allemagne. Il y tira un coup de pistolet qui d'abord ne se fit presque pas entendre; mais le bruit augmenta successivement, et parvint à remplir les vallons et les bois qui se trouvoient au-dessous de l'endroit où le coup avoit été tiré.

(*) *OEuvres de Franklin*, traduction de Dubourg, tome 1er.

(**) *Lettre de Franklin*, du 20 juillet 1762.

Un second coup tiré par Varenius, vers la partie basse de la montagne, au milieu des neiges, fit un bruit égal à celui de la plus grosse pièce de canon, qui retentit pendant un demi-quart d'heure, avec tant de violence, que Varenius craignit que la montagne ne s'écroulât sur lui.

Beaucoup de phénomènes de cette espèce sont décrits dans différents auteurs, mais on ne les a pas expliqués d'une manière satisfaisante; et des expériences faites pour trouver un télélogue, fourniroient l'occasion de faire de nouvelles recherches sur l'action que l'air reçoit des vibrations qui produisent le son, et feroient faire peut-être à cette partie de la physique les progrès dont elle est encore susceptible. Et comme il ne seroit nécessaire, pour s'assurer de la possibilité de faire un télélogue, que d'établir les tuyaux conducteurs du son, d'une station à une autre, c'est-à-dire à trois ou quatre lieues, le Gouvernement pourroit, sans beaucoup de frais, ordonner qu'on fît un essai qui, s'il réussissoit, produiroit un moyen de communication d'une grande utilité.

CHAPITRE V.

Signaux maritimes.

Nous avons vu, dans les Chapitres précédents, combien il est difficile de faire
un bon télégraphe : la forme, la situation de la machine, le nombre, la clarté,
la promptitude des signaux, sont des conditions qu'on ne remplit qu'après beaucoup de recherches et de peines, lorsqu'on
veut construire un télégraphe destiné à
être placé sur terre. Mais il est bien plus
difficile encore d'établir sur mer un bon
système de signaux : la base mobile sur
laquelle repose les objets dont on se sert
pour faire les signes, change à chaque
instant de situation, la forme et le gré-
ment du bâtiment empêchent de placer
les signaux de manière à être vus sous
tous les aspects qu'on veut leur donner,
et les couleurs dont on est obligé de se

servir, se confondent aisément à peu de distance.

Ces obstacles attaquent la télégraphie dans son essence, la *visibilité*; et quelques uns d'eux ne laissent pas le choix des moyens pour correspondre sur mer par des signaux ; aussi paroît-il qu'on s'est servi de tout temps des mêmes moyens modifiés par les changements que les bâtiments de guerre ont apportés aux manœuvres maritimes.

Les anciens se sont servis, dès la plus haute antiquité, de drapeaux ou de pavillons pour correspondre sur mer. Ils ne nous ont pas laissé de codes de signaux, mais on trouve dans l'histoire quelques traces de l'usage qu'ils en faisoient ; les flottes des Grecs portoient des flammes. Polybe, dans son *Histoire de la Guerre Punique*, et Ammien Marcelin, font mention de *vexilarii* chargés d'observer les signaux qui devoient être fort peu nombreux. Le général prescrivoit l'ordre de bataille, et ensuite le mou-

vement de chaque division et de chaque
bâtiment étoit abandonné, pendant l'action, au courage et à l'intelligence de chaque capitaine. Jeter le grappin et aborder
son ennemi, étoit la seule manœuvre dont
on se servît alors.

Les changements qui ont été faits dans
les constructions navales, depuis l'époque
où les vaisseaux ont été armés d'un grand
nombre de canons de gros calibre, ont
donné un grand accroissement à l'art des
évolutions navales. Ses progrès se sont
fait sentir spécialement lorsque les grands
hommes de mer, qui se sont formés vers
la fin du seizième siècle, en ont fait l'objet de leurs méditations.

On commença, sous le règne d'Élisa-
beth, à faire en Angleterre une application plus étendue des signaux maritimes:
Elisabeth remettoit aux commandants
des flottes, avant leur départ, une suite
de signaux et d'ordres, et ils n'en prenoient communication qu'à une certaine
hauteur. Le duc d'York (depuis Jac-

ques II) employa le premier, pour la marine angloise, une savante formation de lignes, et un ordre de bataille concerté d'après la position de l'ennemi, la force et la direction du vent et l'état de la mer. Ses *fightings and sailing Instructions* classent les signaux pour les mouvements ordinaires. Il applique un signal à chaque manœuvre qu'il indique dans les classes qu'il a établies, et sa méthode est encore la base des évolutions ordonnées dans le code naval anglois.

Le duc d'York resta long-temps en France, et un écrivain anglois (*) prétend que c'est de lui que les François avoient appris les premiers rudiments de la tactique et de l'art des signaux, et qu'ils profitèrent du séjour que ce prince fit chez eux pour augmenter *le peu de connoissances qu'ils avoient en ce genre.*

Ces assertions ne sont appuyées d'au-

(*) *Macdonal, a Treatise on Telegraphic Communications,* printed London, 1808.

6

cune preuve ; la marine françoise étoit
déjà formidable avant le duc d'York :
elle comptoit, en 1638, au nombre de
ses bâtiments, des vaisseaux armés de
soixante-douze canons de gros calibre,
et elle produisit quelque temps après des
tacticiens qui ne le cédoient en rien aux
marins anglois ; Tourville n'avoit de ri-
vaux que Tromp et Ruyter, et il ne devoit qu'à son génie et à son expérience
les moyens qu'il employa pour exécuter
les brillantes manœuvres qui firent faire
tant de progrès à la tactique navale.

Le Père Hoste, qui avoit accompagné
cet amiral pendant douze ans en qualité
d'aumônier, fit paroître, en 1697, un
ouvrage sur la tactique navale. Les évolutions simples, décrites dans ce traité,
ont été conservées dans tous ceux qu'on
a publiés depuis, et les manœuvres
s'exécutent aujourd'hui à peu près par
les mêmes mouvements que ceux qui
sont prescrits par Hoste.

Il ne parut pas en France d'autre ou-

vrage sur cette matière jusqu'en 1763, où
M. de Morogues publia son *Traité des
Évolutions et des Signaux*. Le nombre
des ordres que l'on pouvoit donner par
les signaux à une armée navale s'étoit
considérablement accru depuis le Père
Hoste. M. de Morogues paroît avoir in-
séré dans son Traité tout ce qu'il y avoit
à dire sur ce sujet; mais on regrette de
ne pas y trouver assez de méthode pour
que l'on puisse s'en servir facilement :
aussi n'a-t-il jamais été regardé que comme
un ouvrage de pure théorie, et n'en a-t-on
fait usage dans aucune armée navale.

La marine n'employoit encore qu'un
seul signe à la fois, et le nombre des signaux ne dépassoit pas cinquante. Ce
petit nombre parut insuffisant; on fut
obligé de donner à chacun de ces signes
une expression différente, selon le lieu
où on les plaçoit, et on ne trouva que six
places différentes, dont deux se voyoient
très mal. On n'adopta donc souvent
que quatre places auxquelles on appli-

qua quarante signes qui fournirent cent
soixante articles différents ; mais au
moyen de six places et de cinquante signes, le nombre des articles put s'élever
à trois cents. La nécessité d'en augmenter encore le nombre se faisoit vivement
sentir ; M. de Morogues ne put l'augmenter que de dix-sept, en suivant le système adopté avant lui ; mais il imagina
une nouvelle combinaison, ce fut de donner aux mêmes signes, mis à la place
qui leur étoit assignée dans le recueil des
trois cent dix-sept articles, une seconde
signification différente de la première,
au moyen d'un signal d'avertissement
destiné à indiquer cette seconde signification ; c'est ainsi qu'il parvint à avoir
assez de signes pour désigner les aires de
vent et les nombres ; dix pavillons furent
destinés à exprimer les dix chiffres de la
numération ; un de ces chiffres, y compris le zéro, fut affecté à chaque pavillon :
le mât d'artimon indiquoit les unités, le
grand mât les dixaines, et le mât de mi-

saine les centaines. On voit qu'on pouvoit signaler par ce moyen tous les nombres au-dessous de mille, avec un seul signal pour chaque nombre. Morogues ne dit pas avoir inventé cette méthode. Un auteur anglois prétend que Kooke, Kircher et Gaspard Schoot, dans sa *Technica curiosa*, en avoient donné la première idée (*). Quoi qu'il en soit, cette combinaison de Morogues ne fut pas adoptée, et l'une des objections qu'on a faites contre elle, est qu'en attachant une valeur aux mâts où l'on place les signes, on ne peut plus correspondre dès qu'un mât est rompu. M. de Labourdonnais évita cet inconvénient. Il abandonna la pratique jusqu'alors usitée de ne faire les signaux qu'avec un seul signe; il y substitua celle de hisser des flammes les unes au-dessus des autres; par ce moyen il développa le système numéraire proposé

(*) *Treatise on Telegraphic Communications, by Macdonal*, page 110.

par Morogues : une flamme suffisoit pour
signaler le nombre qui ne contenoit que
les unités ; une seconde flamme placée
au-dessus de celle qui étoit consacrée aux
unités, servoit à exprimer les dixaines ;
une troisième placée au-dessus des deux
autres indiquoit les centaines ; et comme
les flammes sont étroites et qu'elles occupent sur une même drisse moins d'espace que les autres signes, M. de Labourdonnais en faisoit hisser jusqu'à quatre à
la fois. Ainsi son système donnoit tous
les nombres au-dessous de dix mille, et
il n'avoit besoin d'aucun moyen acces-
soire pour signaler tout ce qui est nécessaire au service de la marine.

Cependant il paroît que l'usage de ces
signaux ne s'est pas propagé au dehors
des mers de l'Inde; on a préféré celui
de M. Dupavillon.

Cet officier ne se servit d'abord que de
dix pavillons, qui, combinés deux à deux,
lui procurèrent cent nombres; il employa, pour les classer, un tableau sem-

blable à ceux qu'on appelle table de Pythagore; mais ces cent signaux ne suffisoient pas; il en augmenta successivement
la quantité en augmentant les nombres
du tableau par le moyen de trois flammes
qu'il plaça en tête du mât ou à l'extrémité de l'une des vergues. Les pavillons
accompagnés de flammes lui donnèrent
le moyen d'ajouter jusqu'à quinze centaines aux numéros de son premier tableau, et le nombre des articles qu'il pouvoit signaler fut ainsi porté à seize cents.

Ces signaux n'ont jamais été employés
à signaler les ordres ou avis généraux ou
particuliers; mais ils ont tenu lieu de signaux purement numéraires dans la tactique navale, à l'usage de l'armée com-
mandée par M. le comte d'Orvillers.

Dans cette nouvelle tactique, publiée
en 1778, on distingue les ordres et avis
qu'on devoit donner à une armée sous
voile, de ceux qui devoient être signalés
à une armée à l'ancre. On les avoit distingués par deux tableaux particuliers qui

étoient aussi formés d'après la manière des tables de Pythagore, avec seize pavillons combinés deux à deux; mais on n'avoit pas encore assez de signaux pour marquer toutes les aires de vent, et on ajouta à la combinaison des flammes et des pavillons un coup de canon tiré en hissant les flammes à la tête du mât ou au bout des vergues. Ces coups de canon exprimoient les directions opposées à celles qui étoient désignées par les flammes.

Le coup de canon fut supprimé dès 1779, et remplacé par un guidon pour distinguer les aires de vent. On attribue ce changement à M. de Buord, qui rédigea, à ce que l'on croit, les deux livres de signaux qui parurent en 1779, dont l'un étoit destiné à l'armée navale du comte de Guichen, qui avoit Buord pour chef de son état-major; et l'autre à celle du comte Duchaffault. On y voit qu'on a caractérisé chaque groupe de signaux, ayant une signification analogue, par la forme particulière des signes.

Plusieurs modifications furent faites successivement dans la distribution des signaux et des tableaux.

L'amiral Messiessy y apporta, en 1786, des améliorations notables, et on forma, en 1819, de toutes les méthodes anciennes et nouvelles, le code actuel des signaux, dont les signes sont au nombre de trente-quatre, savoir : vingt pavillons carrés, quatre guidons, deux pavillons triangulaires, et huit flammes. Ces trente-quatre signes, combinés deux à deux et trois à trois, procurent trente-sept mille soixante signaux ; les signaux présentent sept apparences différentes :

1°. Les aires de vent se distinguent par un triangle et un pavillon ;

2°. Les numéros des bâtiments par une flamme au-dessus du pavillon ;

3°. Les nombres par une flamme au-dessous du pavillon ;

4°. Ceux faits avec un seul signe ;

5°. Ceux faits avec deux signes qui sont indifféremment des pavillons ou des guidons, ou la réunion des deux;

6°. Les signaux faits avec trois signes;

Et 7°. un guidon placé au-dessus de deux pavillons.

Ces apparences servent de clef principale pour trouver la signification d'un signal, dans le livre des signaux.

Cette complication de signes, de signaux, de chapitres, d'articles, de flammes, de pavillons, de guidons, de formes et de places différentes, fait regretter que le système purement numérique n'ait pas été adopté; mais il paroît qu'il a été rejeté après une mûre délibération. Les marins les plus expérimentés, qui ont été assemblés dans tous les ports, par ordre du ministre de la marine, pour examiner cette question, ont été d'avis de ne pas abandonner le système dont on avoit fait usage jusqu'à présent; et quoiqu'on puisse croire que l'habitude et la crainte d'innover, qui influent presque toujours sur ceux qui ont vieilli dans la pratique d'un système, n'aient contribué

à cette détermination, ils y ont persisté.
Ils ont décidé d'abord qu'il falloit mieux
employer un plus grand nombre de signes, et présenter seulement deux de ces
signes à la fois, que d'en avoir un plus
petit nombre, et d'être obligé d'en hisser
très souvent trois en même temps.

L'inconvénient provenant de la multiplicité des signes, a paru moins grand
que celui qui résulteroit de la difficulté
de reconnoître un troisième signe, qui
souvent pourroit n'être pas assez visible,
à cause du grand espace que trois pavillons occupent sur une même drisse. L'on
ne peut faire, dans le système de la numération, que dix signaux avec un seul
pavillon, et quatre-vingt-dix-neuf avec
deux pavillons. Les numéros de la première centaine sont donc les seuls qu'on
puisse signaler avec deux signes; tous
les autres numéros en exigent au moins
trois.

Les désavantages du système de la numération paroissent encore plus grands,

lorsqu'on veut l'appliquer aux signaux qui ne sont pas compris dans la classe des ordres des avis généraux : en effet, il n'y a que neuf aires de vent qui puissent être signalées avec un seul pavillon; il faudroit en outre y joindre le signe qui caractérise cette classe, ce qui fait deux signes; les autres aires de vent exigeroient deux pavillons dans l'expression du numéro qui leur appartient, et il faudroit également ajouter le signe caractéristique de la classe; l'on seroit donc forcé d'employer presque toujours trois signes, tandis que, dans le système actuel, deux signes suffisent dans tous les cas. Les nombres au-dessus de cent exigent quatre signes, dont trois feront connoître le numéro, et le quatrième la classe à laquelle le signal appartient. Si l'on a cru devoir rejeter le système de numération parce qu'il amenoit trop souvent l'usage de trois pavillons hissés à une même drisse, à plus forte raison a-t-on cru devoir y renoncer, quand on a reconnu qu'il entreroit la plupart du temps quatre signes dans les signaux qui, comme ceux de numéros et de nombre, se renouvellent très fréquemment.

Au surplus, nous croyons qu'il n'est pas possible d'employer une bonne méthode de signaux avec des pavillons, des flammes, des guidons variés par des couleurs, et que les marins ont imaginé des combinaisons très ingénieuses pour tirer parti de ces moyens qu'on n'a pas pu remplacer jusqu'à présent. (*Note* 5.)

Les procédés dont on se sert pour l'application des signaux de nuit, sont à peu de chose près les mêmes que pour les signaux de jour; mais les signes et les signaux sont beaucoup moins nombreux : ce sont des coups de canon tirés en un ou plusieurs temps, groupés par des intervalles; ils sont représentés par des fanaux placés sur les bâtiments, pour éviter la confusion du bruit; ils remplacent les pavillons, et ils servent à indiquer, sur des tableaux formés comme ceux des signaux de jour, la case qui contient les ordres et les avis qu'on veut communiquer.

Les cases ne peuvent être qu'en très petit nombre ; on les augmente autant qu'il est possible, par l'emploi des fusées ; on se sert, dans les circonstances particulières, de l'éclair que produit l'inflammation d'une amorce ; et même des cloches et des tambours, lorsque les bâtiments sont assez près les uns des autres, pendant une épaisse brume, pour courir le danger de s'aborder.

Tous les codes de signaux des puissances maritimes sont fondés sur les mêmes moyens que ceux qui sont employés en France, et ils ne diffèrent que par l'ordre, le nombre et la distribution des signes.

L'amiral Kinsbergen a cependant fait paroître à Amsterdam, en 1782, un ouvrage sur les signaux maritimes, qui différoit des autres, en ce que les mâts étoient pourvus d'ailes mobiles, ce qui a donné lieu, en 1795, de dire qu'il avoit inventé le télégraphe françois.

On sait que le sens des livres de signaux se change à volonté, par la transposition des valeurs qu'on peut donner arbitrairement aux clefs et aux signes, sans changer les principes généraux dont je viens de faire la description; de sorte que chaque armée a une manière de correspondre qui lui est particulière, et qui est inintelligible à tous ceux auxquels on n'a pas communiqué les changements qui ont été faits.

FIN DU LIVRE PREMIER.

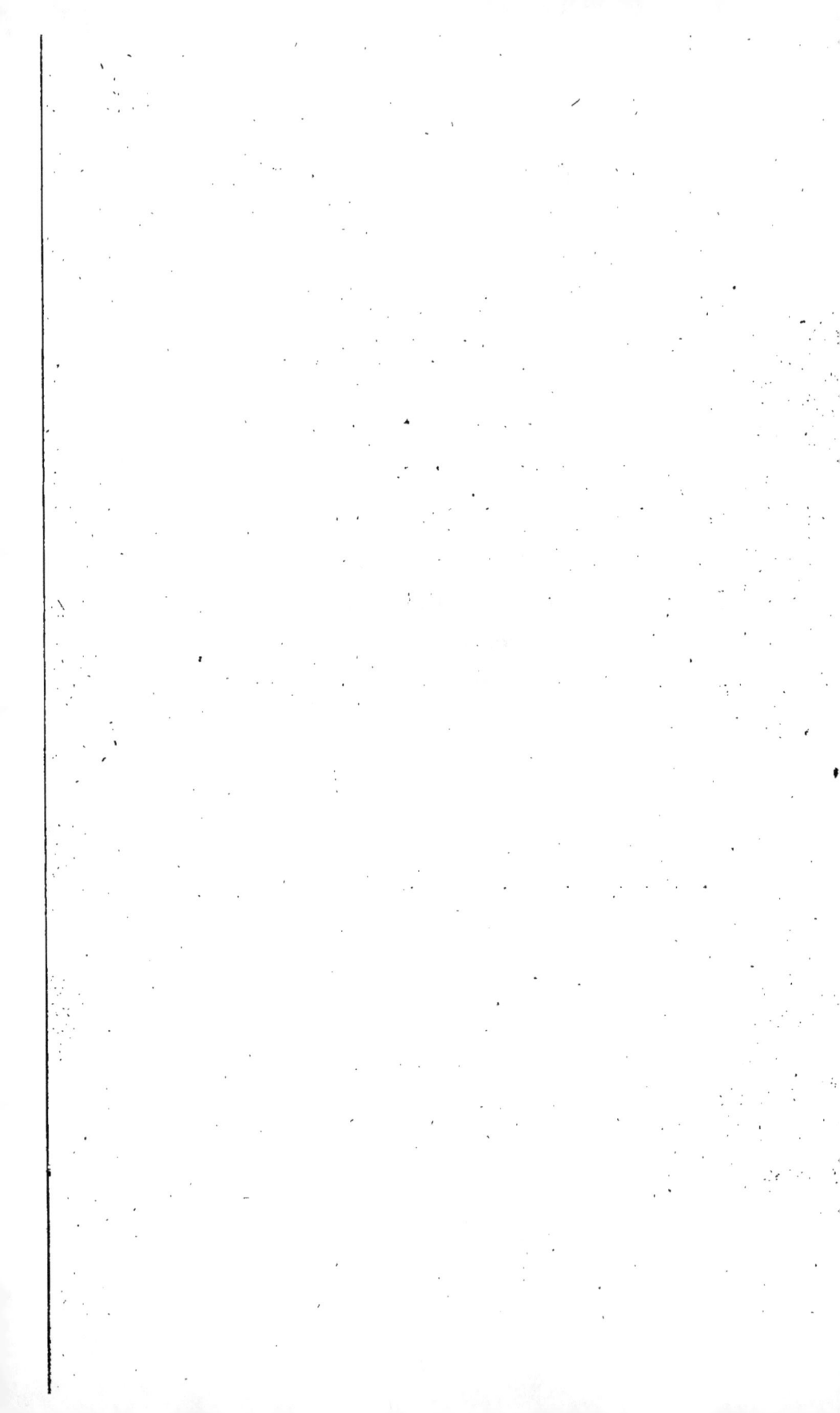

LIVRE SECOND.

CHAPITRE Ier.

*Conditions nécessaires pour faire un bon
télégraphe.*

PRESQUE tous ceux qui ont voulu faire
des télégraphes ont cru en avoir imaginé un, lorsqu'ils ont pu trouver le
moyen de faire passer quelques mots
entre deux stations; et c'est une des causes
qui les ont empêchés de réussir.

Le mouvement seul des bras, lorsque
la distance n'est pas grande, ou celui d'un
simple bâton, auquel on attacheroit quelques chiffons noirs, suffiroient pour faire
un télégraphe de cette espèce; mais lorsqu'on est forcé de multiplier les stations
et de transmettre en peu de temps, et à

7

une grande distance, une certaine quantité de signaux, beaucoup de conditions
qui n'avoient pas été appréciées d'abord
deviennent nécessaires pour établir une
bonne machine télégraphique.

Il faut qu'elle soit d'un volume assez
considérable pour être vue à une grande
distance, et cependant assez légère pour
être transportée facilement, et placée sur
les montagnes, les tours et les maisons,
parce qu'on n'a pas toujours le choix des
positions.

Elle doit, malgré la surface qui lui
est nécessaire, résister aux vents, même
aux tempêtes; elle a donc besoin d'une
grande solidité dans son ensemble et dans
chaque partie, pour que son action ne
soit pas entravée par le dérangement des
pièces qui la composent. Il faut que ses
mouvements soient rapides, simultanés,
qu'ils n'exigent pas l'emploi de beaucoup
de forces, et qu'ils se répètent exactement sur un répétiteur placé dans l'intérieur de la maisonnette. Les signaux

produits par ces mouvements ne se suc-
céderont pas sans confusion, et seront
mal vus, s'ils ne présentent pas aux yeux
des observateurs des formes simples,
bien déterminées, qui ne donnent à ceux
qui les forment et les recueillent aucune
contention d'esprit, et si chaque signal
n'est pas invariable pendant l'intervalle
qui le sépare de celui qui le suit. Il est
indispensable qu'une bonne machine télégraphique joigne à toutes ces qualités
celle de donner un grand nombre de signaux primitifs qui doivent servir exclusivement à la police de la ligne, et pour
signaler chaque station. Cette espèce de
signaux est destinée à former une langue
phrasique pour les stationnaires, qui est
différente de celle qui est employée pour
la correspondance générale.

Cette dernière correspondance réclame
aussi un grand nombre de signes; car, plus
on emploie de caractères différents dans
un système de numération, et moins on
en emploie pour exprimer une quantité.

L'arithmétique décimale en exige deux pour former le nombre 10 : un seul seroit suffisant si elle avoit onze caractères; d'où il suit que plus on a de signaux différents à sa disposition, moins on en emploie pour la composition des dépêches, et moins on a besoin de temps pour les faire passer à leur destination. L'économie du temps est toujours importante pour une ligne télégraphique, parce que l'état de l'atmosphère ne laisse pas toujours, même pendant les plus beaux jours, assez de temps dont on puisse disposer pour le passage des signaux. Les brumes qui s'élèvent le matin, spécialement autour des villes, sur les rivières, sur les bois, sur les marais, ou les ondulations de l'air, produites par la chaleur pendant la journée, paralysent souvent le télégraphe, et intercepteroient la correspondance, si elle exigeoit la transmission de beaucoup de signaux, et par conséquent l'emploi de beaucoup de temps.

Pour que la quantité des signes soit

utile, il est nécessaire qu'ils soient vus et distingués facilement, et pour remplir cette condition, le choix de la forme et de la couleur du télégraphe mérite la plus grande attention.

On a trouvé, par des expériences, qu'un point noir sur un fond blanc se voit à une moindre distance qu'une ligne de même largeur; et que de deux lignes noires de même largeur, la plus longue se voit plus loin que la plus courte (*) : il est donc utile que les formes du télégraphe soient plus longues que larges.

Quoique, selon les principes d'optique, la couleur blanche soit celle qui réfléchisse le plus de lumière, le noir doit lui être préféré pour donner des signaux, parce que la visibilité des contours d'un corps opaque ne résulte pas autant de la réflexion de la lumière que du contraste occasionné par la différence qu'il y a entre

---

(*) Voyez *Jurins, Essai on distincs and indistincs vision.*

sa couleur et celle du champ sur lequel il est vu. Si tous les corps étoient blancs et également éclairés, on n'en distingueroit aucun. Un corps noir placé dans l'atmosphère est enveloppé tout entier par l'air; il se fait sentir sur toutes ses surfaces et toutes ses dimensions : s'il étoit blanc, il se confondroit avec la couleur du fluide qui l'environne, lors même qu'il seroit appliqué immédiatement sur un corps noir, parce que le contraste ne se feroit sentir qu'au point de contact, tandis que toutes les autres parties se confondroient avec la couleur de l'air dont elles seroient entourées.

Le contraste qui a lieu entre un corps noir et l'atmosphère diminue lorsque l'air est obscurci par des brouillards, des vapeurs sorties de la terre ou des arbres, et par les ondulations que la chaleur occasionne : les objets noirs placés derrière le corps qu'on veut apercevoir, affoiblissent aussi le contraste, et nuisent beaucoup à la facilité de les distinguer.

On évite cet inconvénient en élevant le télégraphe à l'horizon au-dessus de tous les corps qui peuvent obscurcir le cercle de lumière au milieu duquel il doit être placé. Cette condition en rend le placement très difficile; mais elle est si importante, qu'il ne seroit d'aucun usage pendant le jour si cette précaution étoit négligée.

Ce n'est pas assez pour la visibilité des machines télégraphiques qu'elles soient parfaitement isolées dans l'atmosphère; le rayon visuel qui les fait apercevoir doit aussi s'élever au-dessus de tous les corps intermédiaires, dont les émanations pourroient altérer sa clarté : il ne doit pas être assez prolongé pour que les stations soient trop éloignées les unes des autres.

La valeur de l'angle visuel sous lequel les corps opaques sont aperçus, et les rapports de leur diamètre avec la distance, ne peuvent servir de règle pour estimer l'éloignement auquel on peut les

placer. Le plus ou le moins de lucidité
de l'air apporte tant de modifications à
ces effets d'optique, qu'on ne peut donner de mesures générales sur cet objet;
et comme l'atmosphère change suivant
les temps et suivant les lieux, il faut
chercher les distances sur lesquelles ces
variations produisent le moins d'effet, et
ces variations sont en si grand nombre,
et de nature différente, que des expériences faites sur les lieux peuvent seules,
en beaucoup de circonstances, servir de
guides pour déterminer l'éloignement des
stations, qui doit être aussi combiné avec
la direction qui leur est donnée. Les télégraphes prennent, sur une longue ligne,
plusieurs directions différentes, et si l'un
d'eux est placé entre deux autres qui ne
soient pas en face de lui, on est forcé de
diminuer l'éloignement ordinaire, et de
faire faire au télégraphe du milieu un
angle dont l'ouverture soit en raison composée de la déviation et de la distance de
chacun des deux autres.

L'expérience a encore démontré que les formes des corps détachés dans l'atmosphère, vus à de grandes distances, échappent à l'œil de l'observateur le plus habile, lorsqu'ils réfléchissent directement la lumière du soleil. Pour parer à cet inconvénient, il est utile de former le télégraphe avec des lames inclinées en différents sens, afin de ménager des parties obscures par la divergence des reflets de lumière, et de faire contraster, par ce moyen, le télégraphe avec la diaphanéité de l'atmosphère. Ces lames donnent d'ailleurs plus de légèreté au télégraphe, et servent à amortir la force du vent.

CHAPITRE II.

Application de ces conditions au télé-graphe françois. (1)

Ces notions sur l'art télégraphique n'ont été trouvées, par les auteurs du télégraphe françois, qu'après beaucoup de recherches ; ils ne pouvoient tirer le moindre secours de leurs devanciers : ils furent donc obligés de créer la machine qui donne les signes, la méthode pour les appliquer, et les moyens d'organiser cette application pour le grand nombre de stations nécessitées souvent par la distance qu'on veut franchir. Il n'existoit jusqu'alors rien qui pût même indiquer la marche à suivre : il fallut se frayer une route inconnue, et se déterminer à faire une suite d'expériences qui pussent tirer l'art télégraphique de la nullité dans laquelle il étoit enseveli.

Après avoir vérifié inutilement les ré-

sultats de tous les moyens connus jusqu'alors, on s'attacha à faire de nombreux
essais sur la visibilité des corps opaques :
ces expériences, que les fréquents changements de l'atmosphère rendent très
difficiles, firent choisir les formes des
corps isolés dans l'air, qui se voyoient le
mieux et de plus loin. On préféra, en conséquence, le parallélogramme rectangle
très allongé; et, pour qu'il fût assez léger
pour être mu facilement, et pour qu'il
présentât le moins de résistance possible
à l'action du vent, des lames de bois
furent disposées de manière à lui laisser
un passage libre, de quelque côté qu'il
vînt. Elles augmentèrent la légèreté des
trois principales pièces mobiles, et empêchèrent la divergence que les rayons
solaires éprouvent lorsqu'ils tombent sur
des surfaces unies; divergence dont l'effet est de déformer les corps observés à
une grande distance.

Cette espèce de persienne coûta beaucoup de recherches; mais ce n'étoit pas

assez d'avoir trouvé la forme la plus apparente, il falloit aussi qu'elle fournît assez
de signaux pour rendre promptement
les idées. Le parallélogramme seul ne
pouvoit encore donner des signaux qu'en
décrivant un cercle dont il étoit le diamètre, et les positions qu'il prenoit se
réduisoient à seize, en formant un angle
de dix degrés pour chaque signal. Cette
ouverture d'angle étoit trop petite pour
être sensible à la vue dans beaucoup de
circonstances ; mais différentes expériences apprirent qu'un corps qui n'est
pas aperçu lorsqu'il est seul, devient
visible lorsqu'il est joint à un autre et
qu'il ne fait plus qu'un tout avec lui : cet
effet d'optique fut ce qui détermina à
ajouter deux ailes au télégraphe, et alors
au lieu de décrire les signaux sur la circonférence du cercle, il les forma avec
les différentes figures que ces trois pièces
mobiles présentent dans leur ensemble,
suivant les différentes positions où elles
se trouvent.

Cette addition augmenta le nombre des signaux, n'ôta rien à la visibilité du télégraphe, puisque les ailes ne sont point regardées séparément par les observateurs qui ne font point attention à leur position particulière, mais seulement à la figure formée par l'ensemble des pièces qui le composent; elle n'ôta rien à la vitesse du mouvement, parce que le développement des ailes peut se faire simultanément avec le mouvement de la pièce principale; d'ailleurs la vitesse du mouvement ajoute peu à la célérité des transmissions; le moyen de les accélérer est de transmettre avec des signaux qui expriment le plus d'idées.

Quelles que soient la simplicité et la visibilité des signaux, il seroit impossible qu'ils passassent sans altération de la première à la dernière station d'une longue ligne télégraphique, si on ne prenoit pas des précautions nécessaires contre les fautes, les lenteurs, qui résultent souvent de la négligence, de l'inattention et de la

précipitation des stationnaires. Les auteurs du télégraphe françois établirent
une méthode telle, que, par son moyen,
celui qui donne l'impulsion à tous les
télégraphes d'une ligne télégraphique,
pour faire passer une transmission,
puisse en quelque sorte être présent à
chaque station quoiqu'elles soient éloignées de plusieurs lieues les unes des
autres; qu'il puisse apercevoir à chaque
instant les fautes de chaque stationnaire,
et qu'il les presse, les dirige et les fasse
manœuvrer aussi facilement qu'un chef
militaire fait faire l'exercice aux soldats
qui l'entourent. (*Note* 6.)

Pour y parvenir, les auteurs du télégraphe françois consacrèrent des signaux
particuliers, un d'abord pour chaque
station, d'autres pour annoncer quand
le travail de la ligne doit commencer ou
finir, laquelle des deux stations extrêmes
doit parler la première, le commencement de la transmission, sa fin, sa réception, la correction dont elle a besoin si

elle n'est pas parvenue exactement, l'interruption d'une dépêche pour en faire parvenir une autre, ou pour annuler la première; les interruptions de correspondance occasionnées dans une station par le mauvais temps, le dérangement des machines, l'absence des stationnaires de leurs postes; pour connoître ceux qui occasionnent des entraves, presser leurs mouvements, et enfin pour leur indiquer les moyens de lever les obstacles imprévus qui se présentent pendant leur travail, lorsque des signaux partis des deux extrémités se rencontrent sur la ligne.

Les signaux qui annoncent les fautes et les obstacles sont toujours suivis d'un signal indicatif de cette station, et ils parcourent toute la ligne avec la rapidité de l'éclair.

On voit qu'il est nécessaire d'apprendre aux stationnaires cette langue qui leur est particulière, et qu'ils aient une certaine expérience pour en faire usage. Ceux qui ont cru avoir inventé des télégraphes dont les agents pouvoient se servir sans instructions préliminaires se sont trompés, ou bien ils ont restreint à deux ou trois stations l'emploi de leurs machines.

Le télégraphe françois, pris isolément, peut être mis en mouvement et observé de loin par un homme tout-à-fait étranger aux opérations télégraphiques. C'est l'application des signaux règlementaires qui doit s'apprendre, et l'habitude de bien voir lorsque l'état de l'atmosphère rend l'observation difficile, qu'on doit acquérir.

On a donc eu tort de reprocher aux auteurs du télégraphe françois la nécessité où ils se trouvent souvent de donner des leçons à leurs agents avant de les employer. Rien n'est plus simple et plus facile à faire manœuvrer que la machine qu'ils ont inventée; il suffit de la considérer un instant pour s'en convaincre.

Elle est composée de trois pièces à sa partie supérieure; chacune d'elles se meut séparément; la plus grande de ces pièces qui, comme nous l'avons déjà dit, est un parallélogramme très allongé, aux extrémités de laquelle sont ajustées les deux autres, peut prendre quatre positions : devenir horizontale, verticale, être inclinée à gauche ou à droite, sur un angle de quarante-cinq degrés. Les pièces qui se meuvent sur ses extrémités, et qu'on nomme ailes, sont disposées de manière à prendre chacune sept positions, par rapport à la pièce principale, savoir : en formant, soit au-dessus soit au-dessous d'elle, un angle de quarante-cinq degrés, un angle droit, un obtus, enfin en coïncidant avec elle. Les trois pièces forment cent quatre-vingt-seize figures différentes, qui doivent être regardées comme autant de signes simples, à chacun desquels on attache une valeur de convention. On conçoit sans peine qu'en plaçant ainsi dans une direction quelconque une suite de machines de cette espèce, dont chacune répète les mouvements de celle qui précède, on transmet au bout de cette ligne les figures faites à la première station, et par conséquent les idées qu'on y attache, sans que les agents intermédiaires en prennent connoissance; et pour qu'on puisse s'assurer sans peine que le signal a été exactement donné au-dessus de la maisonnette, on a placé dans l'intérieur, à la partie inférieure des poteaux qui soutiennent le télégraphe, un répétiteur (*Planche XI*) servant de manivelle, qui donne le mouvement, et prend simultanément, en le donnant, la figure que l'on veut tracer à la partie supérieure.

Parmi les signaux dont nous venons de faire la description, nous en avons indiqué deux formés par la principale pièce; c'est sa position inclinée à droite ou à gauche; tous les signaux doivent être figurés d'abord sur l'une de ces deux lignes obliques, et ils n'ont de valeur que lorsqu'ils sont portés sur la ligne horizontale, ou la ligne verticale. Cette méthode a des avantages très essentiels, et qui sont particuliers à la construction du télégraphe françois. D'abord ce mouvement de rotation le rend plus visible ; en tournant avec ses ailes autour de la circonférence dont il est le diamètre, l'ensemble se dessinant sous plusieurs aspects, le télégraphe est bien plus facile à apercevoir tout entier, et son repos sur la ligne verticale ou horizontale *assure le signal.* Quand on n'a pas de moyen d'assurer les signaux télégraphiques, il n'est guère possible qu'il n'y ait pas de confusion dans leur passage par une longue suite de stations : la moindre distraction de la part de celui qui donne ou de celui qui reçoit, fait qu'un signal est transmis avant celui qui le précède, et qu'il se trouve beaucoup de signaux perdus à l'extrémité de la ligne.

CHAPITRE III.

Télégraphes ambulants.

Une des qualités les plus précieuses du télégraphe françois, est que l'on puisse lui donner toutes les dimensions que les circonstances exigent, le réduire même à la hauteur de cinq pieds pour le faire mouvoir sans poulies et sans cordes, en faisant agir directement la pièce principale et les ailes avec les mains. De simples vis et même de simples clous, plus ou moins serrés, maintiennent ces pièces dans la position qu'on leur donne; et ce télégraphe, réduit à cet état de simplicité, est aussi bien vu qu'aucun autre de la même dimension; on peut l'établir partout, sans travail, avec des matériaux qui se trouvent sur-le-champ en tout lieu.

Cette facilité de diminuer de volume et de pouvoir être construit partout, le rend très propre à faire un télégraphe ambulant pour suivre les armées, et à servir à la guerre dans des circonstances imprévues, où on seroit obligé de correspondre sur-le-champ, sans avoir de machines préparées d'avance.

CHAPITRE IV.

Télégraphes de nuit.

Pour compléter le télégraphe, il étoit nécessaire de le faire servir la nuit comme le jour, et lors des nombreux essais que ses auteurs ont faits pour trouver les formes les plus visibles pendant le jour, ils ont constamment cherché les moyens d'y adapter des feux. Ils trouvèrent que des lanternes, placées à sept pieds les unes des autres, formoient, en les changeant de place à volonté, des lignes et des angles à peu près semblables à ceux que présentoit la machine à signaux de jour : il ne s'agissoit plus que de les construire, et de les établir de manière à suivre tous ses mouvements, de les faire assez grandes pour contenir un volume de feu qu'on pût apercevoir de loin, sans cependant que leur poids gênât le mouvement des pièces mobiles auxquelles elles seroient attachées. On leur donna une forme carrée : deux des côtés, larges de huit pouces et hauts de dix, étoient garnis de glaces, au travers desquelles on apercevoit la lumière; une bougie de deux pouces de diamètre étoit placée dans un tuyau soudé au centre, sur le fond de la lanterne, et il y avoit dans ce tuyau un ressort qui relevoit la bougie à mesure qu'elle brûloit. On ajouta, à quatre de ces lanternes attachées aux extrémités des pièces du télégraphe, un contre-poids, afin qu'elles conservassent la ligne verticale dans tous les mouvements de rotation ; la cinquième lanterne étoit fixée au milieu, et on parvint par ces dispositions à figurer, avec des feux, les lignes et les angles que formoient les signaux de jour.

Le télégraphe qu'on a vu pendant trois ans sur le dôme du Louvre étoit muni de ces feux; mais il n'offroit pas cette masse de lumière qui est nécessaire pour être aperçue de très loin; et lorsque Napoléon désira établir une communication télégraphique pendant le jour et la nuit avec les côtes d'Angleterre, pour la descente qu'il projetoit, les auteurs du télégraphe modifièrent cette machine pour lui faire porter un appareil de feux beaucoup plus considérable.

La distance qui sépare Douvres du cap Grinez, et les brouillards qui couvrent souvent les côtes d'Angleterre, présentoient des obstacles qu'on ne pouvoit vaincre qu'en donnant une grande dimension aux signaux. On donna à la pièce principale dix-huit pieds de long sur deux pieds et demi de large, placée sur un mât de trente pieds d'élévation. Les ailes furent supprimées, et on divisa la grande persienne en deux parties, nommées indicateurs, qui se mouvoient séparément; chacune d'elles étoit prolongée par un balancier en bois de dix-huit pieds de long, qui servoit de contre-poids; elles portoient à leurs extrémités une grande lanterne contenant un réflecteur parabolique de seize pouces de diamètre, au foyer duquel on allumoit une mèche à quinquet de huit lignes ; les réflecteurs paraboliques étoient mobiles et tournoient simultanément avec les indicateurs sur un axe qui leur étoit particulier, en conservant toujours le plan perpendiculaire au rayon visuel des deux stations qui correspondoient ensemble.

Une troisième lanterne étoit fixée à l'extrémité du mât, et marquoit dans toutes les positions des indicateurs un des angles du triangle.

Le nombre des signaux primitifs suffisoit pour rendre toutes les idées, et ils étoient facilement aperçus à huit lieues de distance. (*Planche XII.*)

Des lanternes à réflecteurs, faites sur le même système, ont été attachées, en 1822, au télégraphe de Montmartre, et à celui qui est élevé sur l'hôtel de l'administration télégraphique à Paris. Les réflecteurs étoient beaucoup moins grands, et quoique les pièces de ces machines n'eussent point été faites pour supporter le poids des cinq lanternes et de leurs réflecteurs, tout Paris a pu voir avec quelle rapidité les réflecteurs traçoient la nuit en caractères de feu les signaux des télégraphes de jour.

CHAPITRE V.

*Modifications que le télégraphe a éprou-
vées, et premières tentatives d'établissements télégraphiques.*

Nous avons fait la description du télégraphe françois, tel qu'il étoit lorsque
Claude Chappe le présenta à l'Assemblée
législative le 22 mars 1792; mais avant
de parvenir à créer un télégraphe aussi simple et aussi fertile en résultats, il en avoit
déjà fait plusieurs autres, de concert avec
ses frères. La première correspondance
télégraphique qu'ils eurent ensemble fut
établie avec deux pendules à secondes,
parfaitement en harmonie entre elles;
le cadran étoit divisé en dix parties, dont
chacune désignoit un chiffre de la numération ordinaire. Lorsque l'aiguille des
secondes de l'un des cadrans passoit sur
le chiffre qu'on vouloit indiquer, on faisoit entendre un son qui annonçoit au

8 *

poste correspondant que le chiffre sur lequel se trouvoit l'aiguille, au moment où le son étoit entendu, étoit significatif, et, en appliquant successivement les chiffres aux mots d'un vocabulaire, on pouvoit rendre toutes les idées.

Ce moyen pourroit servir dans une ville assiégée, où l'on feroit apparoître un point lumineux, au lieu de se servir du son, qu'il n'est pas toujours facile de faire entendre. Mais la lumière des feux ne peut être aperçue que pendant la nuit, et, pour se servir de ce procédé pendant le jour, on emploieroit un corps opaque, qui par son apparition et sa disparition feroit connoître le moment de marquer le chiffre indiqué par l'aiguille de chaque pendule. MM. Chappe correspondirent habituellement entre eux, par ce moyen, à trois lieues de distance; ils firent constater ce résultat par des procès-verbaux authentiques (*), le 2 mars 1791, et ob-

(*) *Voyez* le procès-verbal dans la note 7.

tinrent vers la fin de cette année la permission de faire à Paris des expériences
publiques, et de placer la première station sur l'un des pavillons de la barrière
de l'Étoile; mais la machine qu'ils y
avoient fait établir fut renversée pendant
la nuit, et brisée de manière qu'il n'en
resta aucuns vestiges.

Six mois après cet événement, dont
la cause ne fut pas connue, ils élevèrent
un autre télégraphe à Ménil-Montant,
dans le parc de Saint-Fargeau; il étoit
composé d'un châssis rempli par cinq
persiennes qui paroissoient et disparoissoient à volonté, suivant les deux différentes positions qu'on leur faisoit prendre.
Ce nouveau travail fit courir quelques
dangers à ceux qui faisoient cette expérience : un attroupement se forma dans
le parc Saint-Fargeau; on mit le feu au
télégraphe, et, au moment où ils arri-
voient au parc pour continuer leurs opérations, on vint les prévenir qu'on vouloit
les jeter au milieu des flammes.

Leurs recherches ne discontinuèrent pas, et ils acquirent la certitude, quelque temps après, que les corps allongés étoient plus visibles que les trappes adoptées auparavant. La forme du télégraphe fut alors définitivement arrêtée, et la découverte fut présentée à l'Assemblée législative (dans la séance du jeudi soir, le 22 mars 1792); elle en renvoya l'examen à son comité d'instruction publique. Mais les événements qui survinrent quelque temps après, l'empêchèrent de s'en occuper, et le premier rapport qui fut fait sur cet objet n'eut lieu que le 4 avril 1793: ce rapport autorisoit Claude Chappe à faire construire trois postes d'essai; MM. Chappe les établirent à Ménil-Montant, Écouen et Saint-Martin-du-Tertre, distant de sept lieues de Paris. Ce commencement de ligne télégraphique, mis en activité, procura aux auteurs du télégraphe l'occasion d'observer plus facilement et plus long-temps comment les changements de l'état de l'atmosphère

et la situation des machines influent sur
la visibilité des signaux ; il leur donna la
facilité d'exercer leurs agents à la manœuvre, et de leur montrer l'ordre qu'ils
doivent suivre dans les transmissions,
lorsque le nombre des stations augmente ;
il fit connoître enfin beaucoup de petits
faits que l'expérience découvre à celui
qui exécute en grand une théorie nouvelle.

Lorsqu'il fut certain qu'un grand nombre de signaux pouvoient passer de suite
promptement et correctement, Claude
Chappe demanda au Gouvernement des
commissaires pour s'assurer du résultat
et de la réalité de la découverte.

A la première expérience qui fut faite
en leur présence, ils témoignèrent leur
surprise en voyant avec quelle facilité et
quelle promptitude on faisoit parvenir,
à sept lieues de distance, toutes les dépêches qu'ils donnoient à transmettre. Ils
firent un rapport qui détermina l'Assemblée à ordonner l'établissement d'une ligne

télégraphique de Paris à Lille. Cet établissement fut exécuté ; mais, lors de
l'organisation de la ligne, il se présenta
une foule de difficultés et d'obstacles qui
ne furent vaincus que par un zèle, une
persévérance et un accord qui ne pouvoient exister que dans une famille intéressée tout entière au succès d'une invention dont elle devoit recueillir la gloire.

CHAPITRE VI.

Établissements télégraphiques.

La correspondance fut enfin établie entièrement; la prise de Condé par les François fut annoncée à l'Assemblée pendant
une de ses séances; elle envoya, par le
télégraphe, sa réponse à cette dépêche,
et un décret qui changeoit le nom de
Condé en celui de *Nord-Libre.* Le signal
de réception fut reçu sur-le-champ, et
la dépêche, la réponse et le décret furent
si peu de temps à parvenir à leur destination, que tout cela se passa pendant la
même séance, et que les ennemis crurent
que l'Assemblée siégeoit au milieu de
l'armée.

La ligne de Paris à Lille fut terminée
vers la fin de 1794; elle fut prolongée à
Dunkerque en 1798, puis à Bruxelles
en 1803; et pendant la même année,
on y ajouta un embranchement avec

9

Boulogne, continué jusqu'à Anvers et Flessingue en 1809, et d'Amsterdam à Bruxelles en 1810. Plusieurs autres établissements ont été ordonnés à différentes époques, comme faisant suite à la ligne de Lille, tels que ceux de Dunkerque à Ostende en l'an III, des côtes en l'an XII, et du cap Grinez en l'an XIII; mais ils n'ont pas été achevés. Le Directoire avoit eu le projet d'établir des télégraphes ambulants pour le service des armées; on en fit quelques uns; mais les fonds pour finir cette opération ne furent pas fournis, et cet utile établissement ne fut pas terminé.

Bonaparte voulut renouveler la tentative des télégraphes ambulants, lors de la guerre de Russie, et il attacha à son état-major A. Chappe, inspecteur général de l'administration télégraphique, pour faire usage du télégraphe à l'armée.

La ligne de Strasbourg a été en activité en 1798; elle fut ramifiée jusqu'à Huningue l'année suivante.

On avoit fait à peu près vers ce temps l'essai d'une machine télégraphique inventée par Monge. Elle a été placée long-temps aux Tuileries, sur le pavillon du milieu : on devoit en construire un grand nombre pour aller jusqu'à Landau. Cette tentative se borna à élever une seconde machine semblable, près de Metz. (*Planche XIII.*)

Une autre ligne télegraphique fut établie en 1798, de Paris à Brest, et une ramification fut faite avec Saint-Brieux.

Bonaparte ordonna, en 1805, la communication télégraphique de Paris à Milan : le Directoire avoit déjà voulu faire, en l'an VII, une ligne du midi, qui ne fut effectuée que jusqu'à Dijon, et qui ne fut point mise en activité. Celle de Milan fut prolongée jusqu'à Venise, en 1810, après qu'on eût fait un embranchement à Mantoue ; la portion de la ligne du midi qui s'étendoit en Italie fut remplacée, lors de la restauration, par une autre ligne de Lyon à Toulon ; et enfin

le roi a ordonné une ligne de Paris à
Bayonne, qui a été en activité au mois
de mars 1823.

· Tous ces travaux ont été faits par les
auteurs du télégraphe françois ; mais les
établissements télégraphiques n'ont pas
été coordonnés d'après un système général : ils ont été formés sur différents points
de la France, de la Belgique et de l'Italie,
lorsque les circonstances y rendoient l'u-
sage du télégraphe nécessaire, et *urgent*;
et on fut forcé de les placer avec une
précipitation qui a empêché de donner
aux lignes télégraphiques la perfection
dont elles sont susceptibles. Le choix des
positions exige spécialement de l'habileté, une grande attention, et assez de
temps pour s'assurer, par l'expérience,
de celles qui paroissent douteuses. Les
fautes de ce genre commises à une station, influent sur une ligne entière. Il seroit nécessaire de changer, dans beaucoup
d'endroits, le placement des stations, de
faire un nouveau tracé, pour donner

aux lignes une autre direction, et de re-
commencer une grande partie des travaux.

Quand le Gouvernement voudra rendre
le télégraphe aussi utile qu'il peut l'être,
il fera faire un plan général des établissements télégraphiques qui devront être
placés en France dans tous les chefs-lieux
de départements, sur tous les autres points
où ils peuvent servir habituellement aux
correspondances administratives, militaires, maritimes, commerciales, et
même sur ceux que des circonstances
extraordinaires pourroient rendre utiles
par la suite; on pourra employer, lors
de l'exécution de ce plan, tout le temps
nécessaire pour surmonter les obstacles
occasionnés par la nature et la situation
des lieux où se feront ces nouveaux établissements. Ces travaux, qui ne deman-
deront ni un temps, ni des dépenses considérables, couvriront le royaume d'un
réseau télégraphique qui en liera toutes
les parties entre elles et à un centre com-

mun. Les François jouiront alors des immenses avantages que produisent à la société la fréquence et la rapidité des communications.

———

CHAPITRE VII.

De l'application des signes du télégraphe françois aux idées.

On s'est étrangement trompé en disant que la langue télégraphique étoit une langue universelle ou une spécieuse générale, ainsi que Leibnitz l'avoit conçue. Ce philosophe vouloit introduire une nouvelle méthode de raisonnement fondée sur des formules semblables à celles dont on se sert dans l'algèbre, à peu près comme on les emploie dans le calcul des probabilités : mais elles ne pouvoient être universelles que pour les règles de la logique, et elles n'eussent pas servi à désigner et à individualiser les substances, les formes et les qualités, ce qui est l'objet des langues, parce qu'il faut des signes particuliers et de convention pour chacune de ces choses. Le télégraphe n'écrit

donc que les langues déjà formées ; mais
sa langue devient presque universelle, en
ce qu'elle indique des combinaisons de
nombre au lieu de mots ; que la manière
d'exprimer ces nombres est généralement
connue, et qu'elle peut être appliquée aux
mots qui composent tous les diction-
naires. Son but n'est point de trouver une
langue *aisée à apprendre sans dictionnaire* (expression de Leibnitz, dans sa
Lettre à M. Rémond), mais de trouver
le moyen d'exprimer beaucoup de choses
avec peu de signes.

Nous avons déjà eu l'occasion de faire
observer qu'il se présentoit, même pendant les plus beaux jours, un grand nombre d'effets météorologiques qui alté-
roient la visibilité des signes télégraphiques : ces obstacles ne permettent pas
d'employer le temps à discrétion pour
transmettre des dépêches. On doit donc
restreindre le nombre des signaux, et leur
donner une signification aussi étendue
qu'il est possible. Le système phrasique

remplit cette condition ; mais il est rarement utile, parce qu'il se présente peu
d'occasions d'en faire usage. On est forcé
d'avoir recours à une méthode qui puisse
indiquer tous les mots dont on se sert
pour exprimer les pensées : celle qu'on a
trouvée la première est de transmettre
les lettres de l'alphabet ; mais elle exige
une si grande multiplicité de signes,
qu'elle laisseroit à peine le temps de former quelques mots.

L'emploi des nombres indiquant des
mots diminue beaucoup la quantité des
signes nécessaires pour exprimer chaque
mot.

Il n'est besoin, suivant le système de
la numération généralement adoptée, de
n'employer que dix signes pour exprimer
toutes les combinaisons : quatre suffisent
à former les 9999 premières, et on n'a
guère besoin que de dix mille mots pour
l'usage habituel de nos langues. Mais si au
lieu de dix signes on en emploie un plus
grand nombre pour former toutes les

combinaisons, il en faudra d'autant moins pour chacune d'elles ; ainsi la quantité de ceux qui composent chaque combinaison est en raison inverse du nombre des chiffres primitifs de la numération ; d'où il suit que plus un télégraphe en produit, et moins il en emploie pour former chaque mot, et il a besoin de moins de temps pour s'exprimer.

Si l'on peut se servir de cent chiffres primitifs au lieu de dix, on fera avec deux ce qu'on ne pourroit exécuter qu'avec quatre.

Si l'on applique ces cent chiffres à un vocabulaire mêlé de phrases, on réduit l'expression d'un mot à moins d'un caractère.

Cependant, la quantité de signes primitifs ne suffit pas pour diminuer autant qu'il est possible le nombre des caractères nécessaires à l'indication d'un mot ou d'une phrase ; car une machine télégraphique produiroit difficilement dix mille signaux différents, ce qui seroit cependant nécessaire, si on vouloit n'appliquer

directement qu'un caractère à chaque
mot, à moins qu'elle n'eût la faculté
d'en donner simultanément quatre pour
exprimer à la fois chacune des combinaisons comprises dans 9999; et, dans
cette hypothèse, on ne pourroit éviter
une confusion telle qu'elle empêcheroit
de voir séparément et de reconnoître
chaque signe. Mais, lors même qu'on par-
viendroit à traduire chaque combinaison
par un caractère, on n'auroit pas encore
atteint le but proposé, celui de donner le
moins de signaux possible. Une *trans-
formation* de valeurs dans les nombres
peut fournir des formules qui diminuent
la quantité des caractères, *et donner avec
un seul signal beaucoup de mots ou de
phrases combinés ensemble*, sans que les
mots et les phrases soient prévus.

La longueur du temps nécessaire pour
faire passer des transmissions télégraphiques ne provient pas seulement du plus
ou du moins de vitesse des mouvements
de la machine, parce qu'ils se font simul-

tanément sur toutes les stations de la ligne télégraphique, c'est-à-dire que, pendant le temps employé par la troisième station pour donner son signal à la quatrième, la première en donne un second à la deuxième, la quatrième à la cinquième, et ainsi de suite, de manière que les signaux doivent se succéder, comme les oscillations d'un pendule, à la station extrême, lorsque la ligne est remplie de signaux. Mais les obstacles qui naissent des distractions, de l'inattention, de l'inexactitude et des fautes des agents, de l'état de l'atmosphère, de la difficulté d'apercevoir celles des stations qui sont moins bien placées que les autres, apportent des retards qui se multiplient par l'étendue d'une ligne, entravent le passage des dépêches, les empêchent souvent de parvenir promptement à leur destination; et il n'arrive qu'une partie des signaux qui eût suffi pour rendre la dépêche entière si l'on eût pu la faire plus courte.

CHAPITRE VIII.

Remarques sur l'invention du télégraphe françois.

On a pu voir, par la description que nous venons de faire du télégraphe françois, sous le rapport du mécanisme, sur les moyens de l'employer avec avantage, et sur la notation des signes, qu'il n'a pas été aussi facile qu'on pourroit le croire d'établir une correspondance par signaux à une grande distance ; aussi n'avoit-on fait, avant MM. Chappe, que des essais informes, indignes de quelque attention, et personne jusqu'à présent, même en ayant leur télégraphe sous les yeux, n'a pu en présenter un qui fût assez bien combiné pour en faire un long et utile usage.

« Le télégraphe, disoit la classe des « sciences physiques et mathématiques

« de l'Institut, dans son rapport décen-
« nal du 6 février 1808, le télégraphe,
« né en France, imité presque aussitôt
« par tous les peuples voisins, est re-
« marquable sous deux points de vue :
« le premier comme moyen de trans-
« mettre des signaux, et dans ce cas il
« présente facilité et simplicité dans l'exé-
« cution, il est capable par sa force de
« résister aux plus grands vents, et se
« dessine parfaitement dans l'atmosphère,
« où il peut devenir visible pendant la
« nuit, si l'on y adapte des feux; enfin
« le nombre des positions qu'il peut pren-
« dre est suffisant pour donner une quan-
« tité très considérable de signaux.

« Sous le second point de vue, le télé-
« graphe est également recommandable
« par la langue simple et nécessairement
« exacte à laquelle il a dû donner nais-
« sance.

« L'expression d'un mot ou d'une
« phrase n'exige qu'un signal, et la ra-
« pidité avec laquelle on le transmet est

« pour ainsi dire égale à celle de la pa-
« role.

. « Celui de MM. Chappe, premiers
« inventeurs, a successivement acquis
« toutes ces qualités : le levier moteur
« prend, sous la main et dans l'instant,
« la forme et la position qu'on veut don-
« ner à la partie extérieure, et cet in-
« strument utile ne laisse plus rien à dé-
« sirer. »

Ceux qui contestent aux inventeurs du
télégraphe françois l'honneur de l'invention prennent ce mot dans un sens trop
étendu. Il n'est pas nécessaire, pour qu'un
auteur soit mis au nombre des inventeurs, qu'on n'ait pas eu avant lui l'idée
de la chose qu'il a produite.

Ceux-là le sont aussi qui trouvent les
moyens d'exécuter ce qu'on ne connoissoit auparavant que comme une chose
possible ; qui font revivre des inventions
perdues, et dont il ne restoit pas de traces ; qui démontrent ce qui n'étoit encore qu'aperçu, ou qui complètent et

appliquent, d'une manière nouvelle et importante, une chose qui n'étoit connue qu'imparfaitement, et dont on ne pouvoit se servir.

Descartes n'eut pas la première idée de l'application de l'algèbre à la géométrie : on trouve, dans les ouvrages de Regiomontanus et dans ceux de Bombelli, quelques problèmes de géométrie résolus par l'algèbre ; Viette donna une méthode générale et régulière pour appliquer l'algèbre à la géométrie. Mais Descartes fit de cette méthode un usage si général et si étendu ; il lui donna, en l'appliquant à la théorie des lignes courbes, un usage nouveau, si utile, qu'on le regarda comme l'inventeur de l'application de l'algèbre à la géométrie.

Combien de savants, avant Newton, avoient eu l'idée de l'attraction générale ! Le docteur Hooke n'en avoit-il pas indiqué quelques effets ? et n'avoit-il pas annoncé qu'il chercheroit bientôt la proportion suivant laquelle cette force agit ?

Cette proportion fut ce que Newton trouva.

La fameuse découverte du calcul différentiel, que se sont disputée Newton et Leibnitz, est la méthode de Barrow pour les tangentes, simplifiée et généralisée, en l'appliquant aux courbes dont les équations ont des radicaux. Enfin la boussole, l'électricité, les aérostats, etc., avoient été désignés à leurs inventeurs. Toutes les idées mères des grandes découvertes sont dues à la tradition ou au hasard; mais on a toujours regardé comme inventeurs ceux qui leur ont donné en quelque sorte la vie, en les adoptant, les développant, et en les liant aux idées accessoires dont elles avoient besoin pour prendre de la consistance et pour devenir utiles.

On trouve dans les anciens les premiers linéaments des découvertes physiques, métaphysiques, mécaniques, astronomiques, chimiques et morales des Leibnitz, Newton, Descartes, Malebranche, Locke, Huyghens, Galilée, Copernic., Kepler, Tournefort, Needham, Harvey et Valisnieri.

Leibnitz conduisit un jour dans son cabinet un étranger qui étoit venu le visiter. Il lui montra, pour toute bibliothèque, les ouvrages de Platon, d'Aristote, de Plutarque, Sextus Empiricus, Euclides, Archimède, Pline, Sénèque et Cicéron, et il lui dit : « Vous m'avez « fait souvent l'honneur de croire que je « sais quelque chose : eh bien ! voici les « sources où j'ai puisé ce que j'ai appris. »

Nous voudrions bien savoir ce que ces messieurs qui, parce qu'ils n'imaginent rien, veulent persuader qu'il n'y a plus rien depuis long-temps à inventer, eussent fait, avant les découvertes modernes, si on eût mis à leur disposition les livres des savants dont parloit Leibnitz. Ils n'eussent probablement éprouvé que l'inspiration de l'envie, et ils seroient restés dans la stupide immobilité à laquelle ils voudroient nous enchaîner avec eux.

FIN DU LIVRE SECOND.

LIVRE TROISIÈME.

TÉLÉGRAPHIE DEPUIS LE TÉLÉGRAPHE FRANÇOIS.

CHAPITRE Ier.

Ouvrages allemands sur la télégraphie.

L'APPARITION du télégraphe françois fit une grande sensation en Europe : on cherchoit à en connoître la structure, et comment on pouvoit en obtenir les résultats extraordinaires publiés journellement dans les papiers publics de France. On fit paroître à Leipsick une mauvaise figure et une explication plus mauvaise encore de cette nouvelle merveille, et il en fut vendu six mille exemplaires sur-le-champ. Cependant plusieurs profonds politiques pensèrent que le Gouvernement françois avoit voulu attirer les regards de ses ennemis sur cette machine pour détourner leur attention.

L'auteur de la *Synthématographie* dit alors dans un ouvrage qu'il dédia à l'empereur François ii : « Au surplus, je crains
« que les François n'emploient pas leur
« télégraphe à autre chose qu'à un but
« politique : on s'en sert pour amuser les
« Parisiens, qui, les yeux sans cesse fixés
« sur la machine, disent : *Il va, il ne va*
« *pas;* on profite de la même occasion
« pour attirer l'attention de l'Europe et
« en venir insensiblement à ses fins. »

Après avoir donné cette preuve de sa pénétration, l'auteur renouvelle la description de tous les moyens synthématographiques qu'il avoit déjà fait connoître au public allemand, en 1785, et dont nous avons fait mention dans un des Chapitres précédents de cette Histoire. L'usage du télégraphe est considéré par lui sous un point de vue très général : la lumière, le feu, l'eau, l'air, le son, les nuages, la fumée, etc., sont les instruments dont il se sert pour établir ses communications. Il y cherche un grand nombre de moyens différents qui puissent se suppléer les uns aux autres, suivant les circonstances ; tandis que les auteurs du télégraphe françois ont cru qu'il valoit mieux n'en choisir qu'un dont on pût tirer tout le service qu'on attend de tous les autres ensemble ; et nous avons déjà fait observer que celui qu'ils ont adopté peut servir la nuit comme le jour, se transporter et se placer partout, se réduire à toutes les dimensions, et que sa forme et ses mouvements sont si simples qu'on peut trouver en tous lieux, et dans toutes les circonstances, les trois morceaux de bois dont il se compose, des clous pour les attacher et les faire mouvoir directement, sans avoir besoin de cordes, de poulies et de pièces mécaniques accessoires.

Les couleurs, les fusées volantes, le bruit du canon, des fusils, le son des trompettes, des tambours et des cloches, dont le professeur de Hanau nous donne et nous répète le détail, étoient depuis long-temps en usage dans la marine, où ils sont utiles, et ils ne serviroient que très rarement ailleurs.

M. Bergtrasser a ajouté au recueil de ces premiers moyens télégraphiques une série de projets que nous allons indiquer, non qu'ils soient dignes de beaucoup d'intérêt, mais parce qu'ils peuvent donner quelques idées à ceux qui veulent faire des recherches sur la télégraphie.

Il trouva dans la figure du télégraphe françois quelque ressemblance avec des machines déjà employées à d'autres usages : son imagination s'empara d'abord de la grue tournante qu'on voit fréquemment en Allemagne, près des bureaux des péages, sur les bords des rivières et des canaux ; il trouva, dans le mouvement alternatif qui sert à lever les fardeaux, les cinq caractères exprimés par sa *Tessaropentade.* (*Planche XIV.*)

Les moulins à vent lui présentèrent

une figure mieux disposée encore à ce
genre d'imitation : il garnit une des ailes
du moulin avec une toile opaque, et cette
aile indique les signes par les différentes
positions qu'on lui donne ; placée à la
gauche d'une fenêtre, percée sur le pan
d'une muraille, elle exprime le n° 1 ; le
n° 2 est perpendiculaire à la fenêtre ; le
n° 3 est indiqué si l'aile se présente obli-
quement à droite ; 4 à gauche, et 5 à
droite de la girouette dont la maisonnette
est couronnée. (*Planche XV.*)

Bergtrasser fait ensuite des modifications à ce qu'il nomme la machine de
Paris. Il l'enlève de dessus son échelle,
l'applique au milieu d'un poteau où il ne
lui fait prendre que des figures formées
par des angles droits ; mais il leur adjoint
un pavillon, afin de trouver les signaux
nécessaires à la police de la ligne. Les
lanternes sont supprimées et sont rempla-
cées par trois fanaux, dont chacun paroît
ou disparoît à trois fenêtres ouvertes au
haut de la maisonnette. La lumière qui

paroît à la fenêtre droite signifie 1; celles qui paroissent ensemble à droite et au milieu indiquent 2; 3 est exprimé par les fanaux paroissant aux trois croisées; 4 quand ils ne sont placés que sur deux; et 5 si la fenêtre du milieu est seule éclairée. (*Planche XVI.*)

Ce n'est pas assez pour l'infatigable professeur; il dépèce le télégraphe françois, il en cloue les membres transversalement les uns au-dessus des autres sur un poteau, et combine leurs mouvements avec l'apparition de drapeaux de différentes couleurs.

Le télégraphe conserve encore trop de moyens dans ce triste état; on le réduit à deux membres, fichés séparément sur le poteau surmonté de pavillons : Bergtrasser paroît se complaire dans cette idée, car il la reproduit trois fois. (*Planches XVII, XVIII et XIX.*)

Il ne manquoit à sa gloire que d'avoir fait des télégraphes vivants; il en présente un millier à la fois, en formant un régiment pour transmettre des signaux télégraphiques, avec lesquels les soldats donnent et reçoivent rapidement tous les commandements nécessaires aux manœuvres ; le bras droit étendu horizontalement signifie le n° 1 ; le gauche, placé de la même manière, le n° 2 ; les deux bras ensemble, le n° 3 ; le bras droit en l'air, le n° 4 ; et le bras gauche ainsi élevé, le n° 5. Il auroit pu trouver un plus grand nombre de signaux de cette espèce, et les porter jusqu'à dix ; mais il eût perdu une belle occasion de faire valoir sa *Tessaropentade*.

Ces télégraphes ont manœuvré, en 1787, en présence d'un prince de Hesse-Cassel.

Le baron Boucheurœder nous apprend, dans une brochure publiée à Hanau, en 1795, qu'il avoit dressé un corps de chasseurs dont il étoit le colonel en Hollande, en 1788, à faire des manœuvres de cette espèce.

En voyant le nombre des découvertes

télégraphiques mises en lumières par
M. Bergtrasser, on croiroit qu'il auroit
bien voulu nous communiquer tout ce
qu'il connoissoit en ce genre; mais il
avoit un télégraphe favori qu'il nous a
fait seulement entrevoir, et dont il a ré-
servé la manifestation pour un autre
temps; et pour lever un coin du voile
qui cache ce mystère, il nous apprend
qu'il faut élever deux poteaux de bois
de chêne, les plus hauts que l'on puisse
trouver, y suspendre, par des cordes et
des poulies, un coffre carré pendant le
jour, et un flambeau de poix résine pendant la nuit. On peut, avec cette machine, chiffrer, compter, écrire et parler,
quelque temps qu'il fasse, avec une rapidité extrême. Je me réserve toutefois,
ajoute-t-il, le secret de cette découverte,
par des motifs que chacun devinera aisément : c'est par prudence et non par dé-
fiance.

Les travaux télégraphiques auxquels
s'étoit livré **M. Bergtrasser**, depuis 1784,

commençoient à épuiser ses forces : en 1795, il se sentoit un découragement pénible, et se plaignoit avec amertume de ce que l'empereur, les rois, les princes et ses contemporains avoient oublié les expériences qu'il avoit faites devant eux. Le courage ne l'abandonna cependant pas; mais ses travaux furent partagés par un architecte de Hanau, et M. Kart, inspecteur des grandes routes à Bergen, pour l'exécution, et il se mit en commun avec l'assesseur Maurice Koop, pour l'invention; c'est à la réunion de ces talents que nous devons le procédé télégraphique décrit dans un traité de M. Bergtrasser sur les signaux, publié à Leipsick en 1795. (*Planche XX.*)

Il consiste à employer, pour correspondre, trois prismes triangulaires, coloriés et mobiles, rangés sur une même ligne droite; chacun des trois côtés des prismes est peint d'une couleur différente; le rouge, le blanc et le bleu.

Le premier prisme présente successivement ses faces; et leurs couleurs, combinées avec celui du milieu, donnent neuf signaux, qui, combinés par les trois couleurs du troisième prisme, en produisent vingt; on peut réduire les trois prismes à deux, et alors on présente à l'observateur chacun des trois angles qui font voir une surface mi-partie bleue et blanche, blanche et bleue, et blanche et rouge; on obtient, en les combinant avec les couleurs simples, trente-six combinaisons.

Si l'on veut se contenter d'un seul prisme, on obtiendra six combinaisons qu'on pourra multiplier par le calcul de la *Tessaropentade*. Mais si l'on aime mieux une télégraphie à larges moyens, on peut élever le nombre des signaux primitifs jusqu'à dix-sept cent vingt-huit, en combinant ensemble les trois surfaces bleues, blanches et rouges; les trois mi-parties augmentées d'un drapeau rouge placé sur chaque prisme; et bien plus encore, en mettant à la place des drapeaux un globe en tôle, peint de trois couleurs.

Le télégraphe prismatique, s'il est sexagone, peut être vu de six côtés à la fois, et embrasser tout l'horizon : nous ne doutons pas que l'apparence de cet avantage n'ait séduit les auteurs de cette découverte ; mais nous croyons qu'ils eussent dû s'assurer avant tout de la visibilité de leurs signaux. (*Planche XXI.*)

Nous avons fait mention, dans un des Chapitres précédents, de la variété d'aspects que Sébastien Truchet avoit trouvée dans les rapports de deux pavés de couleur mi-partie, par la diagonale. Koop et Bergtrasser se sont servis de cette propriété pour faire un télégraphe à disque (*Planche XXII.*); mais ils n'ont pas donné tout le développement dont il est susceptible : on peut s'en convaincre en examinant la planche où nous avons fait connoître le procédé de Truchet, qu trouve soixante-quatre manières différentes de placer ses deux disques en rapport; tandis que Koop n'en trouve que trente-

deux. Mais ce moyen a le vice capital du
télégraphe prismatique : la différence des
couleurs ne seroit aperçue que très rarement.

Ces faiseurs de projets supposent toujours que les objets dont ils veulent faire
usage pour donner des signaux, seront
vus de loin, comme s'ils étoient dans leur
cabinet ou leur jardin, et ils se perdent
dans une vaine théorie.

C'est ainsi qu'ils croient pouvoir proposer un autre prisme, percé de cinq trous
sur chaque face : ces cinq trous fermés
et ouverts à volonté, procurent dix-sept
signaux, le jour comme la nuit ; ce qui
seroit très peu, et se réduiroit même à
rien, si l'on considère que les ouvertures
seroient confondues ensemble, à la vue
de l'observateur, à moins qu'elles ne fussent très éloignées les unes des autres ; et
le cadre dans lequel elles seroient, de-
viendroit alors d'une dimension trop considérable. (*Planche XXIII.*)

Les figures de deux anneaux concentriques et excentriques dessinées aux *Planches XXIV, XXV*, présenteroient des formes bizarres, difficiles à reconnoître de loin, dont le jeu seroit compliqué et embarrassant; leurs lignes courbes seroient moins visibles que des lignes droites, et ne donneroient que vingt-six signaux.

Enfin, dans le chapitre xv de leur ouvrage, nos télégraphomanes conseillent d'employer à la fois tous les télégraphes qu'ils ont inventés, pour les faire jouer ensemble ou séparément, afin d'obtenir une grande variété de signaux. M. Pleuninger a proposé, dans le Journal politique de Hambourg, de suivre ce système, et il amalgame, comme M. Bergtrasser, les procédés acoustiques avec les optiques; le bruit du canon et des fusils; le son des cors, des trompettes et des tambours; les flambeaux; les pots à feu et l'explosion de la poudre; le reflet d'un grand feu sur les nuages; les drapeaux; les surfaces peintes; les colonnes de feu et de fumée.

Tous ces moyens réunis ne fourni-
roient pas un bon télégraphe : les *tessa-
ropentades* positives et négatives ont peu
d'efficacité pour diminuer le nombre des
signaux, puisque, malgré le secours de
ces formules, M. Boekmann assure que
M. Bergtrasser emploieroit six à sept
mille coups de canon, ou six à sept mille
fusées, pour faire parvenir une dépêche
de vingt mots à cinquante milles d'Allemagne.

M. Buria, membre de l'Académie des
Sciences de Berlin, s'est dégagé de tout
ce fatras télégraphique en réduisant le
télégraphe à sa plus simple expression.
Ses signes et son alphabet ne se composent que de deux caractères, qui sont
deux lignes verticales de longueur différente : la plus petite représente zéro, et
l'autre l'unité. Pour varier la valeur de
ces deux signes, il les fait paroître dans
l'ordre indiqué par l'arithmétique binaire,
et les applique aux lettres de l'alphabet.
Sa méthode peut servir dans beaucoup de

circonstances, pour communiquer, par exemple, sa pensée à travers une muraille. Deux prisonniers enfermés dans des cachots, et qui ne seroient séparés que par l'épaisseur d'un mur, pourroient se parler en se servant d'un instrument quelconque pour frapper ou gratter la muraille ; ils donneroient à cette action de frapper ou de gratter, suivant l'ordre convenu, la valeur des lettres de l'alphabet, et sépareroient par des intervalles de temps les groupes de signes qui formeroient les lettres et les mots. M. Buria, qui a pris cette manière de correspondre dans les *Récréations mathématiques* de Schwenter, fait observer naïvement qu'on peut se servir, pour cette opération, du talon de son soulier.

Les deux signes que peut fournir la machine de M. Buria, et l'application qu'il en peut faire, présentent trop peu de combinaisons, et réduisent son télégraphe à une nullité presque absolue.

Un autre académicien de Berlin,

11

M. Achard, a mis aussi une grande simplicité dans un système télégraphique
qu'il a essayé à Berlin en 1795 : il n'emploie que trois figures opaques, un triangle, un parallélogramme et un cercle. Il
paroît, d'après la Gazette de Berlin du
5 mars 1795, que M. Achard a porté le
nombre de ses signes jusqu'à cinq, au
moyen desquels il peut s'en procurer jusqu'à vingt-trois mille sept cent cinquante.

Nous ne connoissons ni le mouvement
des signes, ni leur application.

Les moyens de correspondre télégraphiquement employés par les deux aca-
démiciens, sont fondés sur le seul prin-
cipe télégraphique qui puisse donner des
résultats, c'est la visibilité des signes des
corps opaques.

Mais un professeur de Carlsruhe,
M. Boekmann, a voulu aussi se montrer dans la carrière, armé de boucliers
peints de différentes couleurs; il a tiré
ce moyen, le moins visible de tous, de
l'arsenal de M. Bergtrasser. Il le com-

pose avec des combinaisons de couleurs peintes sur des tablettes ; ces tablettes sont suspendues en l'air, et présentées sous différents points de vue ; mais diverses expériences lui firent connoître combien on devoit peu compter sur la visibilité des couleurs : il les répudia toutes, excepté la blanche et la rouge, auxquelles cependant il préféra des signes formés par la transparence des figures découpées sur des tableaux élevés en l'air, et éclairés par la lumière du jour ou celle du feu.

Cette méthode avoit plusieurs fois été indiquée avant Boekmann ; elle a été développée dans Guiot et Paulian.

Pendant que M. Boekmann se traînoit ainsi sur les traces de ses devanciers, il s'occupoit à modifier le télégraphe françois ; mais il paroît, par les explications qu'il en donne, qu'il ne connoissoit alors (en 1794) ni le mécanisme, ni le nombre des signes de ce télégraphe, ni la manière dont on les employoit. Ses observations ne sont d'aucune importance; et nous avons remarqué, en lisant sa brochure, qu'il parloit fort étourdîment de beaucoup de choses qu'il ne connoissoit pas.

———

CHAPITRE II.

Télégraphe suédois.

Le plus grand nombre de ceux qui ont voulu faire des télégraphes ont cru avoir trouvé ce qu'ils cherchoient lorsqu'ils ont pu apercevoir, à quelque distance, des objets formés de manière à donner assez de signes pour faire un alphabet : ils n'ont pas prévu qu'il falloit que ces signes ne fussent pas seulement visibles dans un temps et dans une situation donnés, mais qu'ils le fussent le plus long-temps, le plus loin, et dans le plus de positions possible; que leur nombre fût en raison des stations qu'ils sont destinés à franchir, et que dans quelque saison et quelque pays que l'on soit, l'état de l'atmosphère ne laisse pas toujours assez de temps disponible aux opérations télégraphiques, pour que ce ne soit pas une condition nécessaire à un bon télégraphe d'employer le moins de signes pour exprimer le plus d'idées possible.

M. Endelerantz, auteur du télégraphe suédois, a senti la justesse de ces observations; il a fait un grand nombre d'expériences pour développer une idée qui n'avoit été qu'indiquée avant lui : celle des trappes dont l'élévation ou l'abaissement font paroître ou interceptent la lumière. Il a mis beaucoup d'habileté et d'instruction dans l'emploi de ce moyen à l'usage de la télégraphie. Il commença son travail en 1794, et, après avoir fait beaucoup de tentatives qui le conduisirent à esquisser des télégraphes, dont les uns ressembloient au télégraphe françois, et les autres en étoient tout-à-fait différents, il en établit un dont la forme étoit une longue perche verticale, sur laquelle étoient fixées deux traverses égales entre elles, et mobiles sur leur axe; chacun de ces deux indicateurs pouvoit prendre les situations verticales ou horizontales, et deux positions inclinées de quarante-cinq degrés en haut ou en bas ; ces mouvements produisoient seize figures qui suffisoient pour former l'alphabet suédois, où plusieurs lettres ont à peu près le même son. (*Planche XXVI, Fig.* 1.)

Cette machine, quelque simple qu'elle soit, fut abandonnée parce qu'elle ne produisoit pas assez de signes. Il essaya de coucher sa perche horizontalement, et d'y attacher trois ailes (*Fig* 2.); après plusieurs autres modifications, il l'abandonna, et il fixa son choix sur une machine à trappes composée d'un cadre, dont l'intérieur est rempli par dix volets placés à égale distance l'un de l'autre, et sur trois rangées verticales, dont celle du milieu en contient quatre ; ces volets sont fixés chacun sur un axe qui tourne dans des trous pratiqués aux côtés du cadre ; ils prennent une position verticale ou horizontale, d'après les mouvements qu'ils reçoivent par ces axes, et, en s'ouvrant ou se fermant ainsi, ils produisent mille vingt-quatre signaux. (*Fig.* 3.)

M. Endelerantz eût pu leur faire exprimer tous les nombres possibles ; mais il craignit d'émettre dans ses signaux trop d'incertitude, parce qu'il ne falloit pas seulement, en notant les signaux, observer quel volet étoit visible, mais encore dans quel ordre il l'étoit devenu.

M. Endelerantz apporta beaucoup de soin dans l'exécution de sa machine, pour en rendre les mouvements faciles et sûrs, et prendre des mesures pour lever une partie des obstacles que la pratique de l'art télégraphique fait apercevoir ; mais il ne s'éleva pas au-dessus du système alphabétique.

Il observa qu'il étoit avantageux de mettre entre ses volets un intervalle plus grand que leur diamètre, pour empêcher qu'ils ne fussent confondus ensemble ; que la tendance à la confusion est plus grande dans la direction horizontale que dans la verticale, et qu'il faut conséquemment éloigner les volets encore davantage.

Pour rendre son télégraphe de jour utile pendant la nuit, M. Endelerantz employa une lanterne de fer-blanc qui n'avoit, pour laisser passer la lumière, que deux ouvertures rondes placées aux deux côtés correspondants, et couvertes avec du mica très transparent : deux quarts de cercle en fer-blanc, adaptés aux deux côtés de la lanterne, tiennent à l'axe, de manière à être élevés sur les trous de la lanterne, et à retomber par leur propre poids, suivant qu'on veut montrer ou cacher les feux : il fixa ces lanternes à la place des volets, sur le cadre vertical, dans le même ordre entre elles que les volets; les fils qui partent de chacune d'elles se réunissent au pied de la machine, comme pour le télégraphe de jour; et il assure que ces lanternes ont été employées avec avantage et sûreté à la distance de trois milles suédois, les flammes étant d'un pouce, leur distance entre elles de sept pieds, et les télescopes grossissant soixante fois.

Les premiers essais du télégraphe suédois furent faits entre Drottningholm et
Stockholm, le 30 octobre 1794, le 30
août et le 18 octobre 1795.

Trois télégraphes ont été placés, pendant le printemps de 1796, pour servir
à la correspondance des deux bords d'A-
land, à trois milles et un quart de distance (huit lieues de France).

Lors des essais faits en 1794, on fit
passer au roi, le jour de sa fête, un qua-
train dont voici la traduction : « En of-
« frant au roi les vœux d'un peuple dont
« l'amour fait la gloire, ce nouvel in-
« terprète consacre à jamais son utilité. »
(*Note* 8.)

CHAPITRE III.

Télégraphes anglois.

L<small>E</small> télégraphe suédois étoit à peine établi, que le Gouvernement d'Angleterre en adopta un à peu près semblable, qu'il fit placer sur l'hôtel de l'Amirauté, en 1796. C'est une grille remplie de six volets très rapprochés les uns des autres (*Planche XXVII*); le nombre des signaux primitifs de cette machine télégraphique est tellement circonscrit, qu'il est souvent nécessaire de donner plusieurs signaux pour exprimer une lettre : les signes qui sont immédiatement placés à côté ou au-dessus les uns des autres, doivent se confondre, même dans un temps favorable, et il n'est pas nécessaire d'avoir recours aux effets que doit produire la fumée du charbon de terre, pour expliquer l'inutilité d'une semblable machine. Aussi quelques gazettes ont-elles annoncé qu'il n'étoit possible de s'en servir que vingt-cinq jours au plus dans une année. Il paroît qu'il a été changé ; et nous croyons que celui qu'on lui a substitué est semblable au télégraphe qu'on voyoit à Plymouth en 1810 (*Planche XXVIII*) : celui-ci n'a que trois volets qui ne tournent pas sur leur axe pour prendre une position verticale ou horizontale, mais que l'on glisse ou que l'on laisse tomber à volonté sur chacune des ouvertures de la grille. Ces volets, placés par ce moyen moins près les uns des autres dans quelques combinaisons, deviennent plus visibles ; mais ils doivent encore se confondre lorsqu'ils se trouvent rapprochés ; ils doivent d'ailleurs ne prendre de valeur que par leur nombre, et non par les différentes places qu'ils occupent dans le cadre, parce qu'il doit être très difficile, presque en tout temps, de juger assez bien l'espace qui se trouve entre eux pour établir des si-

gnaux sur des rapports qui doivent paroître aussi incertains à l'observateur. (*Notes* 9 et 10.)

Un officier anglois, qui a présenté lui-
même à l'Amirauté, en 1708, un modèle de télégraphe, assure qu'elle a rejeté plus de cent projets de télégraphe,
après un examen fait avec soin par des
commissaires choisis parmi les hommes
les plus instruits (*). Il falloit que ces télégraphes fussent bien mauvais, s'il faut
en juger par celui dont le Gouvernement
anglois se servoit en 1810 à Plymouth.

Il est bon d'observer que c'est chez la
nation la plus industrieuse du monde
que l'on tente en vain depuis trente ans
de faire un bon télégraphe.

Ces efforts infructueux sont un argu-
ment bien puissant à opposer à ceux qui
disent que les Anglois ont inventé le télégraphe moderne ; qu'un télégraphe est

---

(*) Voyez *Treatise on Telegraphic Communications, by John Macdonal.*

d'ailleurs une chose très facile à faire, puisqu'on en a fait de tout temps.

Nous ne savons pas si l'on trouve, parmi les cent projets, ceux de machine télégraphique proposés à l'Amirauté, qu'un membre de l'Académie de Dublin, M. John Coorke, a présentés à cette Académie en 1794, et qui sont décrits dans le sixième volume des *Transactions of the Iris academy.* Le premier est une modification du télégraphe Chappe. (*Planche XXXI, Fig. 1.*)

Pour former le deuxième, M. John Coorke suppose deux lignes horizontales tracées transversalement et parallèlement chacune à l'une des extrémités de l'espace compris entre le lieu où l'on donne et celui où l'on reçoit les signaux ; ces lignes sont divisées par vingt-quatre intervalles égaux et correspondants sur chaque ligne ; les vingt-quatre intervalles représentent les vingt-quatre lettres de l'alphabet : on place le signe, soit de nuit, soit de jour, sur la lettre qu'on veut indiquer, et pour faire connoître à l'autre extrémité sur quel endroit il est placé, on élève, à une certaine distance du point de départ, un jalon qu'on promène à travers les lignes jusqu'à ce qu'il coïncide avec le signal ; il doit être alors sur la ligne qui passe aux deux bouts par celle des lettres qu'on veut signaler. (*Fig.* 2.)

L'auteur conseille de se servir, pour s'assurer de la place du jalon, d'un micromètre placé dans un télescope. D'après la méthode donnée par Cavallo en 1791, dans les *Transactions philosophiques*, cet essai n'est pas le seul qu'on ait tenté en Irlande : il paroît qu'on s'étoit occupé il y a long-temps de télégraphie à Dublin. Nous trouvons encore, dans les *Transactions* de l'Académie de Dublin, un Mémoire lu à cette Académie en 1795, dans lequel M. Edgeworth assure avoir, dès 1767, correspondu télégraphiquement, pendant la nuit, avec des lettres éclairées par des lampes, et qu'il avoit conçu le projet de se servir, pendant le jour, des ailes d'un moulin à vent; ce dernier moyen lui a donné depuis l'idée de faire une machine qu'il appelle *tellélographe*, composée d'un indicateur triangulaire dont la figure ressemble à celle d'une aile de moulin : ce triangle prend huit positions différentes dans le cercle qu'il décrit.

M. Edgeworth emploie quatre machines à la fois, dont la première donne les unités ; la seconde, les dixaines; la troisième, les centaines; et la quatrième, les millièmes ; mais comme il ne peut trouver, dans chaque tellélographe, que sept positions suffisamment visibles, il ne peut exprimer les nombres 8 et 9. On pourroit ne se servir que d'une seule machine à la fois, et alors le tellélographe, s'il n'étoit pas riche en signaux primitifs, seroit du moins d'une grande simplicité. (*Planche XXX.*)

CHAPITRE IV.

Télégraphes en Russie.

Sɪ l'on eût dit, il y a quelques années, à l'autocrate de toutes les Russies, « L'immense étendue de l'empire de votre majesté doit empêcher votre gouvernement d'exercer sur un grand nombre de vos provinces cette continuité de surveillance qui maintient à la fois la force des princes, la sûreté et la prospérité des sujets ; plusieurs de vos peuples sont si éloignés de vous, que vous êtes forcé d'employer des mois entiers pour leur faire parvenir vos ordres, et d'autres mois encore pour vous assurer de leur exécution ; la distance qui les sépare est si grande, qu'ils ne peuvent établir de relations entre eux, et qu'ils semblent étrangers les uns aux autres : eh bien, je vais rapprocher les lieux en abrégeant le temps ; je vais vous donner le moyen de communiquer chaque jour avec toutes les parties de vos états, comme s'ils étoient resserrés autour de vous, sur une espace de quelques lieues ; vous pourrez donner vos ordres, recevoir les renseignements et les avis qui vous seront utiles, aussi promptement que si cette correspondance se passoit dans l'enceinte de votre palais ; » cette proposition eût été prise pour un acte de folie, et l'on n'eût pas espéré de réaliser un projet si extraordinaire.

Mais à présent qu'un grand nombre d'exemples en ont prouvé la possibilité, on ne peut expliquer le retard mis pour l'exécuter, que par l'ignorance ou la maladresse de ceux qui se sont offerts pour former cette belle entreprise.

Beaucoup de personnes ont essayé de construire des télégraphes à Saint-Pétersbourg ; mais leurs tentatives ont été si mal combinées, qu'il en reste à peine quelques traces. Nous ne connoissons en France qu'une esquisse de machine télégraphique, dont l'établissement a été proposé par M. Haüy.

Il annonça, dans une brochure publiée en 1805, « qu'il venoit d'appliquer heu-
« reusement sa méthode (d'apprendre à
« lire aux aveugles) à la composition
« d'un système et d'une machine télégra-
« phique, dont il avoit accommodé le
« service exprès pour l'usage de l'empire
« de Russie. »

Il seroit curieux de connoître comment une méthode faite pour des aveugles, peut servir à voir des signaux à une grande distance ; ce moyen nous est encore inconnu ; et il ne nous est parvenu du système de M. Haüy qu'un dessin qui représente une colonne pyramidale, sur laquelle sont appliqués deux indicateurs mobiles, dont les mouvements se combinent entre eux, et avec deux parallélogrammes, un disque et un triangle fixés à demeure sur les côtés de l'obélisque. (*Planche XXXI.*)

Nous avons vu, dans les papiers pu-

blics, qu'un M. Volque avoit aussi en-
richi Saint-Pétersbourg d'un télégraphe:
mais on a annoncé depuis qu'il avoit
porté sa découverte à Copenhague, où il
paroît qu'il n'a pas rempli les vues du
Gouvernement; car le consul général de
Danemarck à Paris fit, en 1809, la demande d'un télégraphe françois qui lui
fut envoyé.

CHAPITRE V.

Télégraphes en Turquie et en Égypte.

L'AMBASSADEUR du grand-seigneur a fait demander au Gouvernement françois un modèle de télégraphe pour son souverain : on pense bien que ce modèle est resté stérile à Constantinople.

Qui le croiroit? cependant c'est auprès du pacha d'Égypte que la télégraphie a trouvé un nouvel asile. Mohamed Aly a établi une ligne télégraphique d'Alexandrie au Caire ; mais il a eu le bon esprit de ne pas chercher à inventer de nouveaux moyens ; il a tout simplement fait venir de France des modèles, et a chargé son architecte de placer les machines qu'il a fait construire, sur des tours élevées exprès pour les recevoir ; et il a reçu, si l'on en croit son histoire, des nouvelles

d'Alexandrie au Caire en quarante minutes. (*Note* 11.)

Nous avons peine à croire que les
agents qu'il a chargés de cette opération
aient pu choisir convenablement les stations de cette ligne télégraphique, parce
qu'ils n'avoient aucune des notions préliminaires qui sont nécessaires pour un
travail de ce genre. Mais les changements
que l'expérience indiquera, pourront être
faits successivement; et le vice-roi d'É-
gypte, qui met dans ses entreprises la
persévérance d'une volonté ferme, aura
donné un exemple que tous les souverains
suivront un jour.

Ce n'est encore qu'en Afrique qu'une
ligne télégraphique a été importée : on a
fait des machines à signaux dans toute
l'Europe et en Amérique; on a même
prétendu qu'on s'en étoit servi dans l'Inde:
mais nous ne croyons pas qu'il y ait de
lignes télégraphiques établies ailleurs
qu'en France, excepté en Angleterre, où
la ligne de Londres à Plymouth n'exis-

tera pas long-temps, parce qu'elle est combinée d'après un système vicieux qui empêche le télégraphe d'être aussi utile qu'il pourroit l'être, même en Angleterre.

CHAPITRE VI.

Des télégraphes faits en France depuis celui de Chappe.

COMMENT de grands établissements télégraphiques se seroient-ils multipliés en Europe, puisqu'on n'est pas encore parvenu, même en France, depuis l'adoption du télégraphe Chappe, à en faire un qui pût le remplacer, et qui pût même servir à former une ligne télégraphique de quelques stations? Deux artistes très distingués par leurs talents, MM. Breguet et Betancourt, présentèrent en 1797 au Gouvernement un télégraphe composé d'une perche plantée verticalement, à l'extrémité supérieure de laquelle étoit fixée une aiguille ou flèche tournant sur un axe, de manière à prendre toutes les inclinaisons qui pouvoient former des angles soit avec la verticale, soit avec l'horizontale de la perche. Les divers angles marqués par l'aiguille servoient de signaux, et ses mouvements étoient répétés sur un cadran qui tournoit dans les mains de celui qui faisoit agir la machine. Ce cadran avoit un index pour marquer en bas les angles décrits en haut par la flèche ; d'après cela, lorsqu'on vouloit faire un signal, on plaçoit l'index sur la division qui y correspondoit ; l'aiguille qui étoit au-dessus de la perche prenoit sur-le-champ l'inclinaison qui devoit former le signal. Il ne s'agissoit plus que de donner à la station avec laquelle on correspondoit le moyen d'évaluer l'inclinaison. M. Betancourt crut qu'il suffisoit de placer au foyer de la lunette qui servoit à l'observation un diaphragme autour duquel étoient marquées des lignes correspondantes à celles du cadran, de telle sorte qu'on pût établir un parallélisme parfait entre les lignes du cadran du diaphragme et l'inclinaison de l'aiguille, et apercevoir cette coïncidence en mettant l'œil à la lunette. (*Planche XXXII.*)

Les cadrans étoient divisés en trente-six parties qui produisoient trente-six signes primitifs. Des commissaires très instruits, mais de tout autre chose que de la télégraphie, firent une expérience avec deux de ces instruments, placés à un kilomètre de distance l'un de l'autre : il faisoit un temps très clair ; ils purent apercevoir les divisions du cercle que parcouroit l'aiguille, et on fit un rapport très avantageux de cette invention. Cependant on devoit prévoir que la plus petite ondulation dans l'air, le plus petit brouillard ou la plus petite vapeur, causeroient, en déformant les corps, une telle confusion, qu'il seroit impossible de distinguer les angles, et qu'en supposant que l'on pût maintenir long-temps la lunette dans l'immobilité nécessaire pour que les degrés des diaphragmes conservassent leur rapport avec ceux de l'aiguille, la moindre déviation de la ligne droite, dans le placement des machines, détruisoit le parallélisme du diaphragme avec l'aiguille.

Ce joujou télégraphique fut prôné par un grand nombre d'amis habiles et instruits, qui étoient en relation habituelle avec ses auteurs; il fut vanté dans les journaux, et plusieurs compagnies savantes donnèrent une nouvelle preuve du compérage qui préside souvent à la rédaction des rapports publiés en leur nom par des commissaires.

On ne peut pas en imposer long-temps sur des choses positives que l'expérience est appelée à juger chaque jour : les protecteurs reviennent bientôt de leur engouement, et les protégés sont forcés de céder à l'évidence; aussi n'entendit-on bientôt plus parler du nouveau télégraphe.

Mais il se forma quelque temps après un triumvirat pour mettre au jour une autre merveille, qu'on appela *vigigraphe* : cette association étoit composée d'un mé-

canicien qui prenoit le titre d'ingénieur
mécanicien de la marine; du chef des
mouvements dans un port de mer, et
d'un professeur de mathématiques. Ces
messieurs furent protégés par un général
célèbre, et ils obtinrent du Directoire la
permission et l'argent nécessaire pour
établir une ligne télégraphique de Paris
au Hâvre. Leur appareil avoit subi pendant trois ans plusieurs changements, et
ils le réduisirent enfin, pour servir à la
ligne du Hâvre, à une échelle élevée verticalement, portant deux traverses fixes,
l'une en haut et l'autre en bas; une autre
traverse brisée et mobile, qui glissoit sur
une des surfaces de l'échelle, et un disque
aussi mobile, glissant sur l'autre face,
indiquoient les chiffres par leurs différentes positions entre les deux traverses
immobiles : on les appeloit des *voyants*.
Le voyant rond, placé au-dessus de la
traverse, indiquoit le zéro; le voyant
brisé, porté à la même place, exprimoit
l'unité; l'isolement égal des deux voyants

marquoit 2 et 3; au-dessous de la traverse
supérieure, 4 et 5; au-dessus de cette
traverse, 6 et 7; au plus haut de l'espace,
8 et 9; le voyant rond marquoit les nombres pairs, et le brisé les impairs. Une
machine de cette espèce fut placée sur la
tour de l'église de Saint-Roch à Paris;
elle y resta long-temps immobile : on la
fit enfin disparoître, et elle est restée ensevelie dans la poussière des magasins de
l'administration télégraphique. (*Planche XXXIII.*)

Les vigigraphes avoient d'abord été
présentés comme devant être placés sur
les côtes : on sentoit le besoin de changer
le moyen dont on se servoit pour le service des signaux de côtes, qui se faisoit
alors avec des pavillons. Les vigigraphes
n'eussent pas été plus utiles qu'eux. On
chercha à se procurer des signaux visibles, et le ministre de la marine ordonna
l'établissement d'une ligne télégraphique
sur les côtes, avec des machines qui n'é-
toient que le télégraphe françois légère-

ment modifié, et on les appela *sémaphores*. C'étoit le télégraphe françois fixe
sur la ligne verticale. On attacha à un
mât trois ailes, les unes au-dessus des
autres, ayant un mouvement indépen-
dant, et pouvant prendre chacune six positions, qui, combinées ensemble, donnoient un nombre de signaux suffisant
pour l'usage auquel les sémaphores étoient
destinés. Mais lorsqu'on plaça les sémaphores, on oublia une précaution sans
laquelle ils ne doivent pas être plus visibles que les couleurs des pavillons :
une condition indispensable et nécessaire
pour qu'on puisse se servir des signaux
employés par les sémaphores, est d'en
isoler les ailes dans l'atmosphère, de manière que le rayon visuel se perde par
derrière dans la diaphanéité de l'air.

On a cru faire une économie en plaçant les nouvelles machines dans les maisonnettes qui servoient auparavant aux
guetteurs, et on a rendu à peu près in-
utile la réforme qu'on a faite : les signaux

vus de la mer doivent être très souvent
obscurcis par les fonds noirs qui se trouvent derrière les rivages, et ceux donnés
de sémaphore à sémaphore se confondent
avec la couleur de la terre, lorsque celui
qui observe les signes est plus élevé que
celui qui les reçoit.

Un Anglois, M. Luscombe, agent de
Lloyd au Hâvre, vient de proposer à la
marine marchande un mode de signaler
qui joint au défaut que nous reprochons
aux nouveaux télégraphes des côtes, celui de se servir de couleurs. On doit être
surpris que les principes de l'art des signaux soient aussi peu répandus en Angleterre, et surtout en France, où la télégraphie a fait tant de progrès. (*Note* 12.)

Cependant un marin françois, M. le
contre-amiral Saint-Haouen, a senti l'insuffisance des pavillons employés pour
donner des signaux sur mer et sur les
côtes. Il s'est occupé pendant long-temps
des moyens d'y substituer des corps opaques, et a plusieurs fois soumis inutile-

ment à l'examen de commissaires, nommés par les différents gouvernements qui se sont succédés, le résultat de ses travaux. Il sembloit avoir renoncé à ses tentatives infructueuses, quand il présenta de nouveau, en 1820, sa machine à signaux, sous le nom de *télégraphe de jour et de nuit*.

Celle qu'il a placée à la première station de la ligne télégraphique entreprise par lui pour communiquer de Paris à Orléans, étoit composée d'un mât qui s'élevoit de vingt-huit à trente pieds au-dessus de la maisonnette destinée au logement des employés; au haut de ce mât étoit une vergue de dix-huit pieds de long, placée en forme de croix : on y avoit suspendu par des cordes trois globes d'osier peints en noir, de deux pieds de diamètre, et distants de six pieds l'un de l'autre, et leurs mouvements s'opéroient sur des cordes perpendiculaires qui partoient de la vergue, et se prolongeoient jusque dans l'intérieur de la maisonnette.

La distance de l'une à l'autre de ces cordes étoit de six pieds, comme celle des boules.

Un quatrième globe étoit placé à deux pieds au-dessus de la maisonnette : il se mouvoit horizontalement sur la largeur de la machine, et indiquoit les mille : les trois premiers globes placés sur les trois lignes verticales représentoient les unités, les dixaines et les centaines.

Ces moyens sont, à peu de chose près, ceux employés pour former les vigigraphes de MM. Laval et Montcabrie, dont nous avons donné la description page 188, et à la *Pl. XXXIII.*

Les auteurs du vigigraphe se servoient, comme M. de Saint-Haouen, d'un mât, d'une vergue; ils faisoient parcourir leur mât par trois pièces mobiles, qui, au lieu d'être sphériques, étoient des parallélogrammes, et un disque faisoit à peu près les fonctions du globe placé en bas, dans le système de M. de Saint-Haouen.

Cette manière de marquer les signaux par les différentes places données sur des

13

mâts à des corps opaques, a quelque ressemblance avec la méthode employée
par Bescher et Gaspard Schott, qui
figuroient les signaux avec des bottes de
foin hissées le long de cinq mâts.

Les bottes de foin ont paru trop simples ou trop ignobles à MM. Laval et de
Saint-Haouen pour qu'ils crussent devoir
s'en servir ; mais ce qu'ils y ont substitué
n'a pas remédié au défaut essentiel de
visibilité. Il est étonnant que M. de Saint-
Haouen ne s'en soit aperçu que long-
temps après avoir essayé de s'en servir,
lorsqu'il a commencé la ligne de Paris à
Orléans. Il étoit évident, en effet, qu'il
seroit souvent impossible de distinguer
chacun des dix signes rapprochés sur une
hauteur de vingt-huit pieds : les places de
ces globes devoient se confondre, et ne
pouvoient faire connoître que très imparfaitement les nombres qu'elles représentoient.

Cette difficulté força M. de Saint-
Haouen à faire un nouvel emprunt : ce

fut, cette fois-ci, au télégraphe Chappe. Il forma des figures en hissant ses boules d'osier à des positions variées, d'autant de manières qu'il vouloit avoir de signaux. Mais beaucoup de figures qu'il présentoit par ce moyen aux yeux de l'observateur, avoient une telle ressemblance entre elles, qu'elles paroissoient être les mêmes, vues à une grande distance, et occasionnoient de fréquentes méprises, qui rendoient ce moyen de communication presque nul.

La même méthode fut employée pendant la nuit, et les succès furent les mêmes. L'auteur substitua des lanternes à ses globes; et, après avoir été douze à quinze mois à établir douze machines télégraphiques depuis Paris jusqu'à Orléans, et cinq autres mois à exercer ses agents, il fit à Montmartre une expérience solennelle, le 17 août 1822, à dix heures du soir, en présence des commissaires choisis par le Gouvernement : ces commissaires adressèrent une question très courte et très simple à Orléans, et, après avoir attendu inutilement pendant deux heures la réponse, ils se retirèrent, et firent un rapport qui apprécioit à sa juste valeur la prétendue invention de M. de Saint-Haouen.

Mais, en supposant même qu'il eût réussi à transmettre clairement assez de signaux pour former de longues dépêches, il n'eût fait que ce qui se pratique tous les jours depuis plus de trente ans. Ses moyens eussent été plus lents, puisque le développement d'un signal, sur une hauteur de trente pieds et une largeur de dix-huit, ne peut se faire que par un grand nombre de mouvements successifs, pour faire un signal qui d'ailleurs n'est point *assuré*.

Sa machine étoit plus dispendieuse, parce qu'elle exige beaucoup plus d'étendue aux maisonnettes, qui doivent avoir plus de vingt pieds de longueur pour conserver les distances entre chaque boule, dont l'intervalle est de six pieds de largeur; il eût été nécessaire de l'augmen-

ter encore lorsque les stations auroient
éprouvé quelques déviations, et n'auroient pas formé un angle droit avec le
rayon visuel. De semblables bâtiments
ne peuvent que très difficilement être
placés sur les tours et sur les clochers,
et nécessitent des exhaussements qui
augmentent prodigieusement les frais occasionnés par les établissements télégraphiques.

CONCLUSION.

L'énumération des télégraphes anciens
et modernes que nous venons de développer, n'est pas à beaucoup près complète : nous n'avons fait mention que de
ceux qui ont eu quelque publicité, et sur
la longue liste de machines à signaux,
qui ont successivement passé sous nos
yeux, nous n'avons remarqué aucune
amélioration importante. Toutes, à l'exception du télégraphe françois, ont été
frappées en naissant d'une stérilité dont
on a lieu d'être étonné; car enfin un télégraphe n'est pas un œuvre si étonnant,
pour qu'on ait mis tant de temps à l'en-
fanter ; et ceux qui, depuis plus de trente
ans, se sont occupés à perfectionner ou
à remplacer le télégraphe françois, pos-
sédoient les talents nécessaires pour y

réussir; mais un télégraphe paroît une
chose si facile à composer que peu de
personnes ont fait une étude sérieuse de
ce travail. Il est si naturel de croire par
analogie, que le moyen de correspondre un moment d'une station avec un
autre étant trouvé, l'on peut, en répé-
tant le même procédé, de station à station, étendre à volonté l'espace qui doit
être franchi avec des signaux! Personne
ne se doute que l'état de l'atmosphère et
la nature des lieux font naître dans l'exécution des obstacles imprévus, qui nécessitent des changements dans les moyens
d'exécution, et des notions nouvelles;
ces notions ne sont données que par l'expérience. C'est à son secours que les auteurs du télégraphe françois doivent le
succès qu'ils ont obtenu. On a dû remarquer la longueur du temps qui s'est
écoulé depuis leurs premières expériences jusqu'au moment où la ligne de Lille
a donné ses premiers résultats. La pre-

mière époque jusqu'à l'expérience faite
par les commissaires de la Convention,
a été remplie par des essais souvent re-
nouvelés, qui ont forcé les auteurs du
télégraphe de se livrer à beaucoup de travaux différents, et à faire des sacrifices
pécuniaires très considérables. Mais il
est étonnant combien la seconde époque,
qui est celle de l'établissement et de l'organisation de la ligne de Paris à Lille,
a été difficile à remplir ; combien d'activité, de fatigues, de ressources il a
fallu employer pour aplanir les obstacles imprévus qui se reproduisoient sans
cesse dans un travail inconnu jusqu'alors,
et combien de craintes et d'inquiétudes
leur a fait éprouver l'incertitude où ils
étoient de réussir : la mort planoit alors
sur toutes les têtes !

Parmi ceux qui ont entrepris d'établir
des télégraphes, aucuns ne se sont trouvés dans de pareilles circonstances ; personne n'a fait un apprentissage aussi pé-

nible; et c'est parce qu'on a dédaigné d'apprendre des choses qu'on croyoit trop faciles, que les tentatives faites jusqu'à présent ont été infructueuses.

FIN DU LIVRE TROISIÈME ET DERNIER.

NOTES.

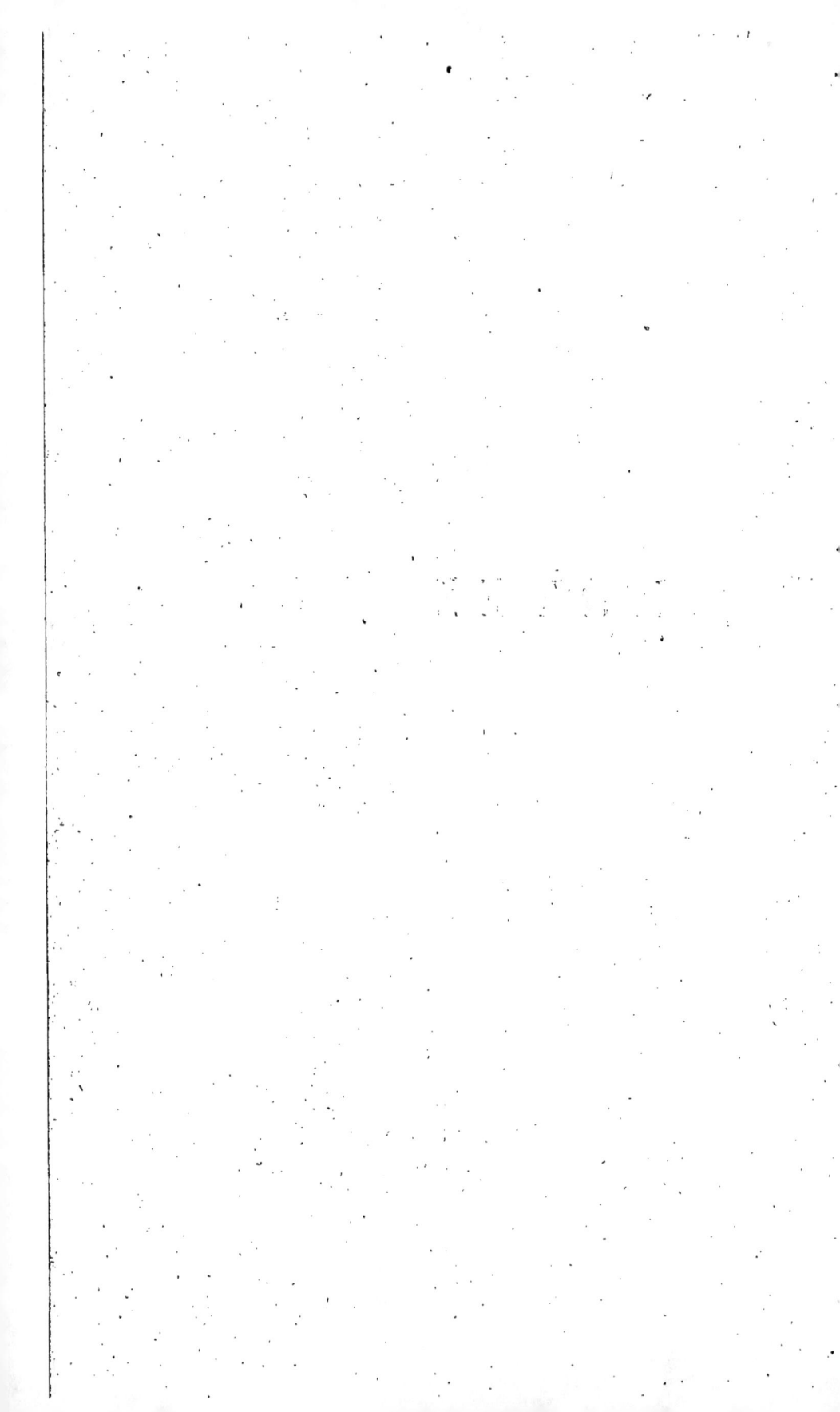

NOTES.

NOTE 1re.

Le major Boucherœder assure, dans un ouvrage imprimé à Hanau, en 1795, intitulé *l'Art des Signaux*, que cet art remonte jusqu'au temps où l'on voulut construire la tour de Babel, élevée l'an du monde 1756, et que l'Écriture sainte nous apprend que cette tour avoit principalement pour objet d'établir un point central de communication par signaux, entre les différentes contrées habitées par les hommes.

Il croit aussi que l'on se servit de colonnes de feu et de fumée pour conduire les Israélites dans le désert, lors de leur sortie d'Égypte, l'an du monde 2454.

Cette anecdote sur la destination de la tour de Babel, est un trait de lumière pour expliquer la confusion des langues : il n'est pas

surprenant que les peuples n'aient pas pu
s'entendre facilement à des distances éloignées, lorsque l'art télégraphique étoit encore dans son enfance.

NOTE 2.

On trouve dans les *Institutions militaires de
Végèce*, qui vivoit au cinquième siècle, un
télégraphe auquel un auteur françois moderne
s'est plu à supposer les conditions nécessaires
pour exprimer toutes les idées. Végèce dit
qu'on faisoit usage quelquefois dans les Gaules de longues pièces de bois placées sur les
tours des villes et des châteaux, pour connoître ce qui se passoit dans des lieux éloignés : « Aliquanti in castellorum, aut urbium
« turribus, appendunt trabes quibus, aliquan-
« do erectis, aliquando depositis, indicant
« quæ geruntur. » (VÉGÈCE, *Lib.* III, n° 50.)
Végèce n'en dit pas davantage : l'auteur de

l'*Etat de la Gaule au cinquième siècle* a paraphrasé ce passage, pour faire de ces pièces de bois un telégraphe semblable à celui dont on se sert en France. Il a conséquemment ajouté au texte : « On construisoit une machine formée de longues pièces de bois, mobiles en tous sens, et susceptibles de différentes configurations ; ces branches se lèvent et se baissent ; elles agissent isolées ou conjointement ; elles se joignent ou se séparent ; et dans chacune de ces positions, elles contiennent un sens dont la signification n'est connue que de ceux qui sont initiés à ce langage.

« Ce doit être une espèce de merveille que de voir ces bras de bois se mouvoir dans les airs, pour y tracer, comme sur une toile, des caractères intelligibles. » (*)

Pour faire ce roman, l'auteur de l'*État de la Gaule* a été chercher dans Cassiodore, qui vivoit près d'un siècle après Végèce, une des-

_____

(*) *État de la Gaule au cinquième siècle*, t. 1er, p. 261 et 262.

cription où il n'étoit question que du talent
d'un pantomime dont le nom même y est
exprimé.

« Pantomimo igitur cui a multifaria imita-
« tione nomen est, quum primum in scenam
« plausibus invitatus advenerit. Assistunt con-
« soni chori diversis organis eruditi : tunc illa
« sensuum manus oculis canorum carmen ex-
« ponit, *et per signa composita, quasi quibus-*
« *dam litteris edocet intuentis aspectum : in*
« *illaque legentur apices rerum ; et non scri-*
« *bendo facit ; quod scriptura declaravit.* »
(CASSIODORE, *Lib.* IV, *epist.* 51.)

Et pour pouvoir faire l'application de ce
passage, l'auteur de *la Gaule au cinquième
siècle* n'en a cité que les quatre dernières
lignes. Ces poutres haussées ou baissées n'ap-
prenoient que des avis prévus, et servoient à
faire ce que faisoient les flambeaux pendant
la nuit. Depuis Végèce, l'histoire n'en fait
aucune mention.

Voici une réfutation anonyme de l'assertion
mensongère faite par l'auteur de l'*État des*

Gaules au cinquième siècle. (*Journal de Paris,* 11 août 1813.)

A M. le rédacteur.

Paris, le 25 juillet 1813.

Monsieur, votre intention n'est pas de propager l'erreur; c'est pourquoi j'espère que
vous voudrez bien publier cette lettre, qui ré-
parera une erreur échappée à l'un de vos col-
laborateurs, le 20 de ce mois. Il a dit, en
parlant de l'ouvrage de M. Fournel, *État des
Gaules au cinquième siècle* : « Les lecteurs
« qui n'ont qu'une idée superficielle de l'état
« de la Gaule au cinquième siècle, seront sur-
« pris d'apprendre que nos ancêtres étoient
« aussi avancés que nous dans la civilisation,
« et qu'ils connoissoient la plupart des décou-
« vertes dont nous tirons vanité. Nous n'en
« citerons qu'un exemple rapporté par Four-
« nel. »

Dans l'exemple cité, cet écrivain dit : « Sur
le haut des tours d'un château, d'une ville,
ou sur toute autre éminence, les Gaulois cons-
truisent une machine formée de longues pièces

14

de bois, mobiles en tous sens, etc. » Monsieur votre collaborateur reconnoît dans cette traduction ou paraphrase d'un texte de Végèce (*Lib.* III, *c.* 5), qu'il rapporte plus bas, une espèce de télégraphe ; ce qui est exact. Mais il auroit dû faire observer que Végèce n'a pas écrit une seule fois dans ce cinquième chapitre, le mot *Galli.* Rien ne donne même à soupçonner qu'il ait voulu parler des Gaulois dans le passage cité, qui commence même par le mot *aliquanti,* qui est des plus vagues.

C'est par erreur encore, qu'à la suite du texte de Végèce, on en cite un de Cassiodore (*Lib.* IV, *epist.* 51), comme ayant rapport aux signaux des anciens. Si l'on eût rapporté le passage entier, les lecteurs auroient vu qu'il n'y étoit question que des talents du pantomime, dont le nom même y est exprimé.....
« Pantomimo igitur cui multifaria imitatione
« nomen est, cum primum in scenam plausi
« bus invitatus advenerit. Assistunt consoni
« chori diversis organis eruditi : tunc illa sen
« suum manus oculis canorum carmen expo
« nit, et per signa composita, quasi quibus

« dam litteris edocet intuentis aspectum : in
« illaque leguntur apices rerum ; et non scri-
« bendo facit quod scriptura declaravit. »
J'ai l'honneur d'être, etc.

NOTE 2 bis.

Les observations extraites de l'exposé des
opérations faites en 1787, pour la jonction
des observatoires de Paris et Greenwich, par
MM. Cassini, Méchain et Legendre, peuvent
servir à faire connoître quel parti on pourroit tirer pour la télégraphie des feux de Chine
et du Bengale.

Page 2, il est dit : « Quoique cette partie
de la Manche, appelée vulgairement *le Pas de
Calais*, soit infiniment resserrée, et ne sépare
les côtes de France et d'Angleterre que par
un intervalle d'environ dix-huit mille toises,
dans l'endroit le plus étroit du canal ; néanmoins comme les deux côtes, après s'être

extrêmement rapprochées, deviennent ensuite très divergentes, il n'est pas aussi facile qu'on le pense d'abord, de les joindre ensemble par des triangles qui offrent en même temps et de longs côtés et de grands angles. L'éloignement des objets, et plus encore les brouillards et les vapeurs que la mer élève entre eux, augmentent considérablement les difficultés de cette liaison. La méthode proposée par les Anglois, de se servir de feux, que leur éclat et leur force rendent visibles à des distances considérables, obvioit en grande partie à ces inconvénients : il fut donc convenu qu'à certains jours, et à certaines heures fixées, nous allumerions des feux en différents endroits de la côte de France, et que le général Roy, prenant différentes stations sur la côte d'Angleterre, observeroit les angles entre nos feux. Pareils signaux dévoient être donnés sur la côte de Douvres, et de notre côté nous devions, sur celle de France, observer les angles respectifs. Les commissaires anglois avoient eu l'attention d'apporter avec eux la quantité de *boîtes à feux,* et tout l'appareil

nécessaire pour cette correspondance de signaux, même des réverbères, dont on verra
que nous fîmes usage avec grand succès. »

Pages 4 et suivantes : « J'établis au Blancnez, dans la chambre basse du corps de
garde, tout l'attirail de mes feux, et mes
instruments. Après avoir bien considéré à
l'extérieur l'emplacement le plus favorable
pour faire les signaux au général Roy, je fis
élever à deux pieds de l'angle sud de la petite
écurie, un mât de six pieds de hauteur sur lequel devoit brûler la boîte à feu; au-dessous
étoit attachée, par un collet, une lanterne à
réverbère mobile, et tournant de tous côtés,
pour être dirigée sur différents points de la
côte d'Angleterre et de la nôtre. La position
du mât étoit telle qu'il pût être aperçu du
général Roy, dans ses diverses stations, ainsi
que de MM. Méchain et Blagden, d'autant
que nous avions des signaux respectifs à nous
donner, et que nos feux devoient être allumés,
les uns après les autres, à des intervalles de
temps déterminés.

« L'établissement de M. Blagden, à l'angle

sud de la galerie haute du clocher de Notre-Dame de Calais, avoit demandé un peu plus de précaution, à cause des toits, des plombs et de la charpente, qu'il falloit garantir de toute atteinte de ces feux, dont la combustion est très vive, très subtile, et très difficile à éteindre. Le chandelier de cuivre qui portoit la boîte à feu étoit établi au milieu d'un grand baquet rempli d'un lit de terre glaise, et d'une couche d'eau par dessus; une grande plaque de fer-blanc étoit posée entre le feu et le clocher, pour arrêter et intercepter toute étincelle que le vent auroit pu y porter.

« Pareilles précautions furent prises par M. Legendre, sur la plate-forme supérieure de la tour de Dunkerque.... De l'époque du 29 septembre au 18 octobre, la correspondance des signaux aux jours et aux heures convenus fut exécutée avec l'exactitude la plus complète, et un succès que nous n'avions pas même osé espérer. En effet il est surprenant que dans l'intervalle de près de trois semaines, dans une saison qui a été remarquable par les mauvais temps qui ont régné, des signaux faits à jours et à heures nommés, aient presque tous réussi. Les pluies affreuses et les tourbillons de vent que nous éprouvions nous faisoient quelquefois désespérer, pendant tout le jour, de pouvoir allumer nos feux, et être aperçus des diverses stations; mais la force et la vivacité de ces feux est telle que, même au travers la pluie et les brouillards, ils s'apercevoient encore à de grandes distances.

« Nous laissons aux commissaires anglois à faire connoître la composition de ces feux singuliers, *qu'ils tiennent des Indiens*, mais qu'ils ont perfectionnés : nous ne parlerons que de leurs effets.

« Le général Roy nous avoit donné deux espèces de boîtes à feux, les unes de quatre pouces carrés sur dix pouces de longueur; les autres rondes d'environ dix pouces de diamètre sur quatre pouces de hauteur. Celles-ci contenoient la même matière que les autres, mais en plus grande quantité, et devoient servir pour de grandes distances. Ces boîtes étoient d'une volige extrêmement mince, re-

liées avec de la ficelle ; à la surface supérieure
étoit pratiqué un trou recouvert d'un papier
collé, que l'on crevoit pour introduire la mèche, et mettre le feu à une poudre jaune extrêmement fine, et qui s'allumoit avec la promptitude de la poudre à canon, mais sans explosion. Les parois de la boîte brûloient en
même temps que la matière, ce qui étoit
absolument nécessaire pour ne pas cacher le
foyer de la lumière produit par une flamme
très vive, mais qui ne s'élevoit guère plus
que celle d'une torche, ou d'un très gros flambeau de poix. Le temps de la combustion des
plus grosses boîtes n'excédoit pas deux minutes trois quarts ; ni le vent ni la pluie ne
pouvoit les éteindre. Du cap Blancnez, le 29
septembre, j'ai aperçu, à la vue simple, le
feu allumé à Dunkerque, aussi brillant que
Vénus à l'horizon dans sa grande clarté. La
distance est de vingt-trois mille toises. Le 6
octobre, par un temps couvert et brumeux,
au travers de la pluie qui tomboit de temps en
temps, M. Méchain aperçut distinctement, à
la vue simple, les feux du général Roy, allumés

près d'Oré, à la distance de quarante milles,
d'où l'on peut présumer que, par des temps
favorables et sur des lieux suffisamment élevés, on apercevroit ces feux à quatre-vingts
milles de France. Mais ce qui paroîtra peut-
être plus extraordinaire, c'est qu'une simple
lampe de quinquet, placée devant un réverbère, ait été aperçue de Montlambert à Lid,
dans la lunette du quart de cercle de M. Méchain; elle paroissoit comme une étoile de
la huitième grandeur; la distance des deux
lieux est cependant de trente mille toises :
on peut juger par là du parti que l'on peut
tirer de cette espèce de signaux dans les opérations géographiques, où ils peuvent procurer une plus grande perfection dans les
points, que celle qu'on obtient de l'observation en plein jour des flèches des clochers,
ou d'autres objets souvent mal distincts et
dont l'apparence varie sans cesse.

« Le réverbère, à plus de vingt milles de
distance, ne me paroissoit que comme un
point lumineux que le moindre mouvement
faisoit disparoître.»

NOTE 3.

———

KIRCHER, dans son livre intitulé *Ars magna lucis et umbræ*, se vante de pouvoir, à l'aide d'un appareil très simple, sans peine, sans le moindre danger d'être découvert, correspondre avec un ami à la distance de trois milles d'Italie, ou douze mille pieds. « C'est, dit ce jésuite, une invention extra-
« ordinaire, admirable, et digne de la curio-
« sité d'un roi; on peut ainsi non seulement
« communiquer au loin les pensées les plus
« secrètes de son cœur, mais transporter jus-
« que sous les yeux d'un ami, à une distance
« énorme, son profil ou sa silhouette dessi-
« née sur une muraille.

« Le premier et indispensable instrument,
« c'est un miroir qui ne doit pas être de verre,
« ni de cristal, et encore moins d'acier. En
« effet, l'acier se rouilleroit par l'humidité,
« et la surface en seroit promptement alté-

« rée, l'encre ou les autres liquides destinés
« à tracer les caractères n'y prendroient pas
« bien. Les miroirs de verre ont l'inconvé-
« nient de produire deux réflexions qui ren-
« dent, à une certaine distance, les images
« confuses ; il faut donc se servir d'une com-
« binaison de métaux formant une surface
« polie, inaltérable, et sur laquelle on puisse
« écrire.

« Le second instrument est un verre gros-
« sissant ou lenticulaire : il seroit à désirer
« qu'on pût le tailler suivant une courbe hy-
« perbolique. Il doit avoir six pouces de dia-
« mètre ; plus le diamètre est considérable,
« et plus il reçoit et renvoie de rayons.

« Le troisième instrument est le support du
« miroir et de la lentille, en forme de paral-
« lélipipède, avec une rainure ou une entaille
« au milieu de laquelle les verres peuvent
« tourner dans différentes directions, et se
« fixer au besoin : le pied de ce support est
« fort court, afin qu'on puisse le poser sur
« une fenêtre.

« Un miroir concave seroit fort bon, parce

« qu'il grossiroit l'image, et la rendroit plus
« nette ; mais, dit Kircher, les miroirs plans
« sont plus faciles à se procurer.

« A quelle distance les images peuvent-
« elles se réfléchir, et se projeter comme
« l'ombre sur un mur? Cela dépend du vo-
« lume de la lumière réfléchie. Les rayons
« du soleil sont ceux dont la réflexion agran-
« dit, et par suite affoiblit le moins les ima-
« ges; au contraire les réflexions d'une lu-
« mière artificielle ne sauroient atteindre une
« très grande distance, sans finir par dispa-
« roître, à cause de sa dilatation et de sa di-
« vergence. »

Kircher s'est assuré par expérience, qu'un
miroir de cinq à six pouces projette, à la
distance de cinq cents pieds, les couleurs
d'une image ; en sorte qu'on pourroit lire
commodément sur le mur d'une chambre les
caractères tracés sur le miroir. « Mon miroir
« plan, ajoute-t-il, avoit un demi-palme de
« hauteur; le diamètre de la lentille étoit le
« tiers de celui du miroir; si l'on augmente
« en proportion la dimension du miroir et

« de la lentille, on obtient de plus fortes
« images.

« Si le miroir avoit huit palmes, la réflexion
« des images pourroit arriver à une distance
« de douze mille pieds. » (On ne comprend
pas bien ici les calculs de Kircher.)

« C'est une chose tout-à-fait hors de doute,
« s'écrie le père Kircher ; c'est une inven-
« tion vraiment divine! Correspondre ainsi
« avec un miroir à une distance de douze
« mille pieds, c'est un paradoxe qui semble
« surpasser toute croyance humaine. Je n'ai
« communiqué ce secret qu'à un seul homme
« sur la terre, et lui seul aussi peut certifier
« la vérité du fait.

« Un inconvénient grave qui se présente,
« c'est que les images des objets s'affoiblis-
« sent à mesure de l'éloignement, et que le
« reflet en devient imperceptible, à moins
« qu'on ne le fasse entrer dans une chambre
« obscure. Un autre inconvénient qui semble
« irrémédiable, c'est que les images, à me-
« sure qu'elles s'affoiblissent, acquièrent de
« la hauteur, et que des lettres, par exem-

« ple, finiroient par devenir aussi hautes que
« des cloches. Celui qui trouveroit le moyen
« de rappetisser les figures dans la propor-
« tion de l'éloignement, pourroit se vanter
« d'avoir découvert un grand secret; mais,
« poursuit Kircher, je n'ai pas poussé mes
« expériences aussi loin que je l'aurois pu :
« le temps et les moyens pécuniaires m'ont
« manqué. Je crois cependant qu'on résou-
« droit le problème, en établissant des sta-
« tions intermédiaires pourvues chacune de
« son miroir concave. La chambre où se
« réfléchit l'image tracée par le miroir, doit
« être le plus possible à l'abri de toute clarté,
« afin que l'on distingue mieux les caractères
« sur la muraille.

« On peut tracer les lettres sur le miroir
« avec de l'encre ordinaire ou colorée, mais
« à rebours, parce que la réflexion renverse
« l'image. On dirige d'abord, au moyen du
« miroir, les rayons lumineux sur l'endroit
« avec lequel on veut correspondre, et l'on
« avance ou recule la lentille, jusqu'à ce
« qu'on soit arrivé au point convenable. Les

« caractères paroissent de la hauteur d'un
« demi-pied, et toute la surface de la mu-
« raille se trouve couverte d'écritures.

« Ce qu'il y a de surprenant, c'est que les
« caractères se tracent avec la couleur même
« de l'encre ou du liquide qui a servi à les
« écrire.

« Supposez qu'au lieu de lettres de l'al-
« phabet, vous veuilliez faire réfléchir votre
« image ou celle d'un ami ; vous vous met-
« tez de profil devant le miroir, et votre sil-
« houette est reconnoissable à la plus grande
« distance. Roger Bacon se faisoit voir ainsi
« à plusieurs personnes dans différents en-
« droits à la fois, et tous ses contemporains
« le prenoient pour un sorcier. On peut, au
« lieu d'écrire sur un miroir, tracer des fi-
« gures sur un porte-objet, y appliquer des
« petites découpures à bras et jambes mo-
« biles, comme, par exemple, des pantins,
« et l'on peut enfin envoyer avec le même
« appareil l'image des mouches et autres in-
« sectes qui passent devant le miroir pour
« se jeter sur le miel dont on a eu soin d'en-

« duire les bords. Si les mouches ou autres
« petites figures sont garnies d'une aiguille
« d'acier, et que l'on fasse passer un aimant
« derrière le miroir, elles montent et des-
« cendent, et leur image, réfléchie au loin,
« présente la même apparence.

« On peut, par le même moyen, indiquer,
« à l'aide de chiffres, l'heure du jour tracée
« sur un cadran.

« A peine, dit Kircher, avois-je décou-
« vert ma nouvelle stéganographie, ou écri-
« ture catoptrique, par la projection des
« rayons du soleil, que j'ai brûlé du désir de
« produire le même effet pendant la nuit
« avec une lampe ou une lumière artificielle.

« Je savois, par expérience, qu'un miroir
« plan ne pouvoit pas servir à cet objet; j'ai
« donc eu recours à un miroir concave; un
« miroir parabolique seroit préférable, et il
« faudroit aussi y joindre un verre paraboli-
« que. Si la lumière placée entre le miroir et
« la lentille couvre toute la surface du mi-
« roir, les images tracées sur celui-ci passent
« à travers la lentille, et se dessinent sur la

« muraille, comme cela se feroit avec les
« rayons du soleil : mais la lumière en est in-
« finiment plus pâle que celle qu'on obtient
« en plein jour.

« On peut substituer au miroir un grand
« globe de verre : on écrit sur ce globe ; on
« place le flambeau à l'opposite de l'écriture,
« et l'image réfléchie, traversant le verre len-
« ticulaire, se projette au loin dans l'inté-
« rieur d'une chambre.

« Cette expérience est plus facile et plus
« sûre que celle qu'on feroit avec le miroir
« concave, et opère aussi à des distances plus
« considérables.

« Je pourrois, ajoute enfin Kircher, dire
« encore des choses innombrables sur la con-
« struction et l'emploi de cette machine ; mais
« je ne veux pas fermer la carrière à d'autres
« inventeurs, et je me conforme à cette maxime
« de Ménandre :

ʹΟ σοφὸς πολλὰ ὀλίγοις τοῖς λόγοις.

Le sage dit beaucoup de choses en très peu de mots. »

NOTE 4.

Voici le rapport tout entier fait par Condor-cet, le 15 juin 1782, au nom des commis-saires de l'Académie :

« Nous avons examiné, par ordre de l'Aca-démie, un Mémoire présenté par dom Gau-they, de l'ordre de Cîteaux, contenant un moyen de communiquer entre deux endroits très éloignés.

« Ce moyen, dont l'auteur s'est conservé le secret, nous a été communiqué, et il nous a paru praticable et ingénieux. Il peut s'éten-dre jusqu'à la distance de trente lieues, sans stations intermédiaires, et sans appareil trop considérable. Quant à la célérité, il n'y auroit que quelques secondes d'une ligne à l'autre. Mais le temps dont on auroit besoin pour faire entendre le premier signe seroit plus long, et ne peut être connu que par l'expérience ; et

cette expérience seroit peu coûteuse. Il n'est
guère possible, sans l'avoir faite, de déterminer, même à peu près, les frais de construction de la machine. Nous pouvons assurer seulement que si la distance étoit très
petite, comme celle du cabinet d'un prince
à celui de ses ministres, l'appareil ne seroit
ni très cher, ni très incommode, et qu'on
pourroit répondre du succès.

« Le moyen nous a paru nouveau, et n'avoir
aucun rapport aux moyens connus et destinés à remplir le même objet.

« Nous déposons au secrétariat de l'Académie, un papier contenant le Mémoire de
dom Gauthey, et les motifs de notre opinion
sur la possibilité du moyen qu'il proposa. »

Fait au Louvre, ce samedi 1ᵉʳ juin 1782.

Nous ne connoissons pas le moyen dont il
est ici question : les commissaires affirment
qu'on peut s'en servir pour donner un signal
à trente lieues, en quelques secondes. Ce ne
peut pas être le son : des expériences faites avec
exactitude nous prouvent que le son, fort ou

foible, ne parcourt que cent soixante-treize toises par seconde de temps.

Ce n'est pas la lumière, puisque Gàuthey dit que les signaux partiront d'un endroit secret et clos, ni l'aimant, ni l'électricité; Gauthey le déclare positivement.

Quel est donc ce moyen dont la réalité est attestée par des commissaires de l'Académie des Sciences? Il nous semble que cette compagnie pourroit maintenant en prendre connoissance. Le rapport dit que Gauthey vouloit en garder le secret, pour en faire *hommage au gouvernement de sa patrie, qui pourroit le posséder exclusivement.* Le vœu de l'inventeur ne sera pas rempli, si la découverte reste éternellement ensevelie dans les archives de l'Académie des Sciences, sans que ses membres mêmes puissent la connoître. Il y a quarante-deux ans que la découverte y repose : Gauthey est mort depuis plus de quarante ans; il n'avoit point d'héritier, puisqu'il étoit moine; on ne connoît point ses parents; on n'a point entendu parler d'eux; la prescription seroit en pareil cas un droit suffisant pour s'emparer de toute propriété, même foncière.

D'ailleurs seroit-ce nuire aux héritiers que de tirer de la poussière une portion de l'héritage de leur parent qui y reste enfouie, et de les mettre à même de la faire valoir? car, si on ne peut pas tirer parti du moyen de Gauthey quand il sera connu, ses parents n'auront éprouvé aucun préjudice de sa publication; mais si l'on peut en faire une application utile, le Gouvernement sera à portée de leur donner une récompense équivalente à celle que Gauthey auroit reçue lui-même; et la France ne sera plus privée des immenses avantages qu'elle peut retirer d'une découverte telle que celle qui est annoncée dans le rapport des commissaires de l'Académie.

NOTE 5.

« Toutes les couleurs, dit M. Prony, dans un rapport fait par lui à l'Institut, sur le projet du télégraphe de Laval, se réduisent à deux sortes, lorsqu'on les observe à la distance de quinze à vingt mille mètres : le blanc, pour les surfaces planes éclairées par le soleil; le noir, pour tous les corps qui sont à l'ombre, fussent-ils peints en blanc. D'où il résulte que les couleurs des signaux de pavillons ne peuvent que très difficilement être aperçues à la distance de trois quarts de lieue, parce que le mouvement produit par les courants d'air, les présente successivement et alternativement aux rayons du soleil et à son ombre. Les brumes et le mirage, qui sont très fréquents à la mer, apportent aussi un grand obstacle à la reconnoissance des signaux de pavillons, dont on n'aperçoit plus que les masses déformées et sans couleurs. Ces formes disparoissent aussi, même par le plus beau temps, lorsque la direction des vents présente les pavillons de champ, et lorsque le calme empêche leur développement. »

NOTE 6.

L'ORGANISATION des stations est une des opérations les plus importantes pour l'établissement d'une longue ligne télégraphique. Un seul homme négligent ou malveillant en peut tenir deux cents dans l'inaction, et paralyser le travail de la ligne entière. Il a fallu, pour stimuler la négligence des employés, leur faire des retenues sur la modique somme qui leur étoit accordée par jour. Ces retenues sont exactement opérées pour une minute ou deux de retard; et l'on a été forcé de les renvoyer pour quelques minutes d'inattention, et de prendre des mesures pour être informé exac-

tement, et avec la rapidité de l'éclair, de
toutes les fautes qui arrivent à chaque poste.
Mais, quelle que soit la surveillance observée
par les chefs, il seroit difficile de lever les
entraves qui proviendroient de mauvaise volonté : les obstacles causés par les brumes et
par les ondulations, sont souvent accidentels
et ne sont ni prévus ni permanents; de sorte
qu'un stationnaire pourroit souvent donner
pour excuse l'impossibilité de voir ses postes
correspondants, d'autant mieux que ces postes
peuvent le distinguer quelquefois, sans qu'il
puisse les apercevoir. Comment prouver alors
à un employé que l'empêchement qu'il a si-
gnalé étoit supposé par lui? Il seroit nécessaire, dans pareille circonstance, de tenir un
inspecteur dans chaque station : mais qui pourroit répondre de la bonne foi et de la bonne
volonté de ces inspecteurs eux-mêmes? Il n'y
a que la plus grande crainte et la plus grande
rigueur qui puisse contenir les malveillants
de cette espèce. On a fait enfermer quelquefois pendant quelques jours, pour ré-
pandre la terreur parmi eux, des stationnaires

négligents, comme s'ils s'étoient rendus coupables de manœuvres nuisibles à la sûreté de l'État, en interrompant leur service. Mais la manière la plus efficace pour remédier, autant qu'il est possible, à cet inconvénient qui peut naître de la malveillance, est de laisser les inférieurs dans la dépendance absolue des chefs qui doivent seuls les choisir ou les congédier.

Aussi toutes les autorités dont l'administration télégraphique a dépendu, lui ont-elles laissé un pouvoir absolu en ce genre, quelque tendance que les autorités aient à en empiéter; et si en effet un agent télégraphique étoit nommé dans les bureaux ministériels, et soutenu par ses protecteurs, il pourroit mettre tous les supérieurs dans sa dépendance. Que seroit-ce s'il y avoit plusieurs personnes de mauvaise volonté, dispersées sur une ligne?

On a choisi, autant qu'il a été possible, les stationnaires télégraphiques parmi les hommes simples et sans intrigue, pour qui une solde de vingt-cinq sous par jour étoit suffisante et ne laissoit rien à désirer, et qui, par leurs mœurs et leur caractère, étoient aussi impassibles que la machine qu'ils faisoient agir.

NOTE 7.

« Aujourd'hui 2 mars 1791, sur les onze heures du matin, nous soussignés officiers municipaux de Parcé, district de Sablé, département de la Sarthe, accompagnés de MM. François Delauney de Fresney, Julien Delauney de La Motte, Léon Delauney, Prosper Delauney, René Taillay, Jean-André Tellot, notaire royal et électeur du département de la Mayenne; tous demeurant à Laval; Étienne Eutrope Brossard, notaire royal à Avoise; Jean-Baptiste-Joseph Gillier de la Cheverollais, curé de Saint-Pierre de Parcé.

« Sur l'invitation qui nous a été faite par

M. Claude Chappe, nous nous sommes transportés à la maison de M. Ambroise Perrotin, située audit bourg de Parcé, à l'effet
de constater le résultat d'une découverte
ayant pour objet de se *communiquer* et se
correspondre dans l'espace de temps le plus
rapproché.

« D'abord nous sommes montés avec ledit
sieur Claude Chappe dans une des chambres
de ladite maison, où nous avons trouvé un
pendule et un télescope dirigé du côté de Brulon, distant de Parcé de quatre lieues. De
suite ledit sieur Claude Chappe fixant Brulon
avec son télescope, nous a annoncé que, bien
encore que le temps fût pluvieux, son correspondant à Brulon alloit néanmoins commencer à procéder à la transmission de ce qui
alloit lui être dicté par MM. les officiers municipaux dudit lieu; et continuant d'avoir
l'œil attaché au télescope, il a successivement,
et dans l'espace de quatre minutes, dicté au
sieur Pierre François Chappe, son frère,
plusieurs caractères, à nous inconnus. Version
faite desdits caractères, *il en est résulté la*

phrase suivante : « *Si vous réussissez vous serez*
bientôt couvert de gloire. »

Fait et arrêté à Parcé, en la maison dudit sieur
Perrotin, avant l'heure de midi, dits jour et an.

Suivent les signatures :

« Leblaye, officier municipal; Pottier, procureur de la commune; François Delauney de
Fresney; J. Delauney de La Motte; Delauney,
consul à Oran; Prosper Delauney; Foureille,
officier municipal; Taillay; Tellot; Brossard; Gillier, curé; François Chappe; Claude
Chappe, abbé. »

« Et lesdits jour et an, retournés sur les
trois heures de l'après midi en la maison dudit sieur Perrotin avec les mêmes témoins, et
en leur présence, M. Claude Chappe a réitéré
son expérience, et après les divers procédés
consignés au procès-verbal de ce matin, lesquels ont été effectués dans six minutes vingt
secondes, il nous a dit que la phrase transmise de Brulon étoit celle-ci : *L'Assemblée*
nationale récompensera les expériences utiles
au public. Laquelle phrase seroit constatée par

le procès-verbal dressé au même moment par MM. les officiers municipaux de Brulon.

> Fait et arrêté à Parcé, sur les quatre heures de l'après-midi, en la maison dudit Perrotin, lesdits jour et an; et ont lesdits témoins signé avec nous.

Suivent les signatures :

« LEBLAYE, officier municipal; POTTIER, procureur de la commune; FOUREILLE, officier municipal; FRANÇOIS DELAUNEY DE FRESNEY; DELAUNEY DE LA MOTTE; DELAUNEY, consul à Oran; TAILLAY; GILLIER, curé de Saint-Parcé; PROSPER DELAUNEY; TELLOT; BROSSARD; FRANÇOIS CHAPPE; CLAUDE CHAPPE, abbé. »

« Le lendemain, 3 mars 1791, nous soussignés officiers municipaux au bourg chef-lieu de canton à Parcé, en présence de MM. Julien Delauney de La Motte; Léon Delauney, consul de France à Oran; Prosper Delauney; René Taillay, négociant demeurant à Laval; Étienne Eutrope Brossard, notaire royal; Pierre Brossier, maître en chirurgie, demeurant à Avoise; certifions que nous étant transportés, sur les dix heures et demie du matin, en la maison de M. Ambroise Perrotin, audit bourg de Parcé, à l'effet d'être témoins d'une troisième expérience de M. Claude Chappe, abbé; nous avons vu ledit sieur Chappe dicter de suite au sieur Pierre-François Chappe, son frère et correspondant pour le moment à Brulon, différents caractères, et il en est résulté plusieurs phrases très intelligibles composées de vingt-cinq mots.

En foi de quoi nous avons délivré le présent à Parcé, le 3 mars 1791.

Suivent les signatures :

« Leblaye, officier municipal; Pottier, procureur de la commune; Delauney de La Motte, Taillay; Delauney, consul de France à Oran; Brossier, maître en chirurgie; Brossard; Foureille, officier municipal. »

« Aujourd'hui 2 mars 1791, sur les onze heures du matin, nous officiers municipaux de Brulon, district de Sablé, département de la Sarthe, nous nous sommes rendus avec MM. Avenant, vicaire, et Jean Audruger de

La Maisonneuve, praticien, demeurant à
Brulon, ci-devant château dudit Brulon, sur
l'invitation qui nous en a été faite, à l'effet
d'être témoins, et d'assurer l'authenticité
d'une découverte de M. Claude Chappe, ne-
veu du célèbre abbé de ce nom, tendante à
se correspondre, et à se transmettre des nouvelles dans un très court espace de temps.

« D'abord nous sommes montés avec le sieur
René Chappe, frère du sieur Claude Chappe,
à la terrasse pratiquée sur le haut du château,
et y avons trouvé un pendule et un tableau
mobile à deux faces dont une blanche et l'autre
noire.

« Et de suite le sieur René Chappe nous a
fait observer que le sieur Claude Chappe étant
actuellement établi à Parcé, distant de Brulon de quatre lieues, pour recevoir ce qui
alloit lui être transmis, il nous prioit de lui
dicter telle phrase, ou telles séries de phrases
qu'il nous plairoit. En conséquence, M. Chenou, médecin, a proposé la phrase suivante :
« *Si vous réussissez vous serez bientôt couvert
de gloire.* »

« Aussitôt ledit sieur René Chappe, après nous avoir fait remarquer que le temps étoit pluvieux, et que l'atmosphère étoit obscurcie par un léger brouillard, a recueilli ladite phrase, et ayant procédé à sa transmission par divers mouvements du tableau, ce qui a duré l'espace de quatre minutes, il nous a dit que la susdite phrase étoit actuellement parvenue à Parcé; que le rapprochement du procès-verbal, dressé par les officiers municipaux dudit lieu, en feroit foi.

Fait et arrêté à Brulon, au susdit château, l'heure de midi, lesdits jour et an que dessus.

Approuvé le mot Chenou *en interligne*, médecin; *un mot rayé nul.*

Suivent les signatures :

« Chenou, Lemore, Tant, Tison, maire; Avenant, vicaire; Audruger Maisonneuve.

« Et le même jour, sur les trois heures après midi, nous nous sommes transportés, accompagnés des témoins dénommés au procès-verbal de ce matin, au susdit château; montés à la terrasse du susdit château, le sieur René Chappe nous a prié de lui dicter ce qu'il nous plairoit, pour qu'il pût le transmettre à son frère, à Parcé. Après lui avoir dicté la phrase ci-après : « *L'assemblée nationale récompensera les expériences utiles au public;* » il a procédé à divers mouvements du tableau pendant l'espace de six minutes et quelques secondes, et nous a dit que notre phrase étoit actuellement parvenue à Parcé.

> Fait et arrêté à Brulon , au château dudit lieu, sur les quatre heures après midi, lesdits jour et an que dessus.

Suivent les signatures :

« LEMORE; CHENOU; TISON, maire; TANT; AVENANT, vicaire ; AUDRUGER MAISONNEUVE.

« Le lendemain 3 mars 1791, sur les dix heures et demie du matin, nous officiers municipaux de Brulon, rendus à la terrasse du château de Brulon, avons donné, en présence de MM. Avenant, vicaire, et Audruger de La Maisonneuve, praticien, à transmettre au sieur Claude Chappe, à Parcé, plusieurs phrases très intelligibles, composées de vingt-cinq mots.

« Le sieur René Chappe a effectué diverses manipulations, ce qui a duré environ dix minutes, et nous a dit que la transmission des phrases que nous venions de lui dicter étoit faite; que le procès-verbal dressé au même moment par les officiers municipaux de Parcé la constateroit.

Fait et arrêté au château dudit Brulon, lesdits jour et an que dessus.

Suivent les signatures :

« Chenou; Lemore; Tison, maire; Tant; Avenant, vicaire ; Audruger Maisonneuve. »

NOTE 8.

Je joins ici la note de quelques unes des recherches que M. Endelerantz, membre de l'Académie de Suède, a faites sur la visibilité des corps opaques; ce savant est celui qui, depuis l'invention du télégraphe Chappe, a le mieux étudié quelles sont les formes, les couleurs et les distances qui conviennent le plus aux télégraphes.

« Pour rendre, autant que cela se peut, dit M. Endelerantz, la faculté de voir les volets (voyants de son télégraphe) indépendante de la situation du soleil et du défaut de transparence de l'air, j'ai trouvé qu'il étoit fort avantageux de leur donner une couleur noire et mate; la principale utilité qu'on en retire, c'est que l'évidence du télégraphe, qui dépend de la différence de la couleur et celle du champ sur lequel il est vu, est alors aussi grande qu'il est possible.

« S'il s'agit d'apercevoir clairement, ou, ce qui est la même chose, de distinguer le contour d'un objet de ceux qui l'entourent, ces derniers doivent, autant que possible, être différents du premier, tant pour la couleur que pour l'éclat; lorsque la couleur qui réfléchit le plus de rayons de lumière est placée près de celle qui en réfléchit le moins, la différence entre elles et la clarté du contour est alors la plus grande. La couleur blanche est celle qui réfléchit plus de lumière; et la couleur noire celle qui en réfléchit le moins. Par conséquent, ce sont les objets blancs, sur un fond noir, qui doivent s'apercevoir le plus distinctement. Un tableau, peint en blanc, placé derrière des volets noirs, seroit donc plus favorable, si je n'avois trouvé plus à propos, par plusieurs raisons, d'employer en place d'un fond blanc, le ciel lui-même, ou le fond bleu de l'atmosphère; il est très vrai que la clarté d'un objet très blanc, telle qu'une main de papier placée en face du soleil, est plus du double de la moyenne clarté de l'air.

« Mais, 1°. la clarté de l'objet diminue quand

on change l'angle d'incidence des rayons.

« 2°. La clarté de l'air près l'horizon, direction sous laquelle les télégraphes doivent être vus, est beaucoup plus grande.

« 3°. Le rapport précédent diminue encore plus dans les jours nébuleux, qui sont très fréquents, et alors la clarté de l'air est souvent plus grande que celle du papier.

« 4°. Près de l'horizon, l'air est clair avant le lever et après le coucher du soleil, et cependant la couleur des objets opaques ne se distingue que foiblement près de terre.

« 5°. Les brouillards étant les obstacles les plus communs à l'usage du télégraphe, se trouvent, à la surface de la terre, plus épais qu'ailleurs, et moins éclairés que dans les régions supérieures, lesquelles sont plus pénétrées par la lumière, de sorte que des objets obscurs, placés dans ces régions, et par conséquent au-dessus de l'horizon, y sont plus visibles que s'ils étoient au-dessous de lui.

« Toutes ces considérations réunies m'ont engagé à élever le télégraphe au-dessus de l'ho-

rizon, et à donner en même temps aux volets
(voyants du télégraphe) la couleur la plus
mate possible. Ce qu'on peut faire de mieux
pour y parvenir, est de les couvrir de drap
noir.

« C'est une vérité physique, que plus de lumière rend un objet plus visible ; mais quand
il s'agit de distinguer clairement plusieurs
objets, ou les parties d'un objet, ce n'est
plus la même chose ; alors (abstraction faite
des différences de couleur) le contraste ou
les impressions négatives de lumière, com-
parées aux impulsions positives, sont ce qui
contribue le plus à rendre les objets visibles.
Si tous les corps étoient blancs, et éclairés
aussi fortement les uns que les autres, on ne
verroit rien.

« Lambert a analysé plusieurs couleurs, dans
le dessein d'éprouver leur clarté spécifique.
La table suivante montre le résultat de ses
expériences.

« La quantité de lumière qui tombe
    perpendiculairement, étant. . . . $= 1.$

Du grand papier frotté avec du
blanc d'Espagne. . . . . = 0,4230.
Une feuille du papier le plus
blanc. . . . . = 0,4102.
Une feuille sur un fond noir. . . . = 0,1138.
Du papier frotté de minium... . = 0,2932.
Frotté avec du vert-de-gris. . . . = 0,1149.

« Quoique selon les principes d'optique la
couleur blanche soit celle qui réfléchit le plus
de lumière, cependant il arrive, par le con-
cours de certaines circonstances, que d'autres
couleurs, comme le rouge et l'aurore, font
une impression plus vive sur les yeux, et,
malgré qu'elles soient moins éclatantes que
le blanc, se distinguent cependant plus vite.
Si les rayons du soleil, lorsqu'il est à 60 degrés de hauteur, tombent perpendiculaire-
ment sur un papier frotté de céruse, la
moyenne clarté de l'air est à celle du papier
= 1 : 2,538 = 2 : 5. La quantité de lumière
incidente diminue comme le sinus de l'angle
d'incidence; mais la clarté de l'objet, ou la
quantité de lumière réfléchie diminue dans

une proportion plus grande. D'après les expériences de Bouguer, on sait que la clarté d'un papier blanc placé sous 45 degrés d'inclinaison, par rapport à la direction des rayons lumineux, est moitié de celle qu'il auroit sous 90°; et qu'à 30 elle en est le tiers. Dans ce cas, la clarté est dans la proportion des angles d'incidence : mais cette loi n'est pas la même pour toutes les inclinaisons.

« On n'a pas encore été d'accord du plus petit angle sous lequel les objets pourroient encore être sensibles à la vue : la différence d'opinions provient peut-être de quelques notions fausses, ou au moins incomplètes.

« 1°. Il n'est pas exact de mesurer la grandeur absolue de la surface d'un objet d'après un angle visuel, qui n'en exprime qu'un diamètre, ou une des dimensions : cette grandeur dépend plutôt de la valeur de la surface, qui, lorsqu'il ne s'agit que d'un cercle, ne peut être déterminée sans le secours de plusieurs dimensions, et ainsi de plusieurs angles visuels.

« 2°. Par la même raison, il est faux qu'un

objet devienne visible, lorsqu'il est considéré sous un angle visuel suffisamment ouvert ; car l'une des dimensions de cet objet, celle de la largeur, par exemple, est si petite, que l'angle visuel qui devoit la mesurer ne soit pas sensible ; alors il reste invisible, quelque accroissement qu'ait reçu le rayon visuel de sa longueur.

« 3°. La grandeur absolue, ou la valeur de la surface, ne suffit pas pour rendre un objet visible ; il faut une certaine intensité de lumière ; et l'impression qu'en éprouvent les nerfs optiques, dont une certaine force est nécessaire pour rendre un objet visible, pourroit peut-être mieux se mesurer en multipliant les rayons lumineux et leur intensité par la valeur de la surface.

« Quant à ce qui regarde la grandeur apparente d'un objet, elle peut, abstraction faite de la surface déterminée par les angles visuels de ses dimensions ; elle peut, dis-je, dépendre de beaucoup de circonstances, telles que la bonté des yeux, la sensibilité de leurs fibres, l'habitude de juger les distances, la prévention, etc., choses qui ne peuvent être soumises à un calcul mathématique, de sorte que l'évaluation *à priori* de cette grandeur apparente est fort difficile.

« On se trompe, si l'on croit que la distance à laquelle on peut voir distinctement avec les télescopes, est dans la même proportion que leur faculté de grossir les objets et de les rendre sensibles : avec un télescope qui grossit, par exemple, douze cents fois, on devroit pouvoir lire une écriture douze cents fois plus loin qu'avec les yeux seulement. Cependant il s'en faut beaucoup que cela soit possible : le grand télescope de Short, qui, avec celui d'Herschell, a été un des meilleurs connus, grossit douze cents fois, mais ne permet de lire une écriture qu'à une distance deux cents fois plus grande que celle où on liroit avec les yeux. On doit donc, pour trouver le véritable effet du télescope, relativement à la clarté des petits objets opaques, diviser par six la faculté qu'il a de les grossir.

« Une différence de $\frac{1}{10}$ ou $\frac{1}{60}$ dans la lumière des corps opaques est sensible à la vue.

« Si nous admettons avec Courtivron que
le plus petit angle visuel possible est, pour
des objets opaques, d'environ quarante secondes de diamètre, un objet doit, pour être
visible, avoir à peu près $\frac{1}{5200}$ de la distance.
Ainsi un objet de deux pieds de diamètre ne
seroit aperçu qu'à une distance de dix mille
quatre cents pieds suédois, environ quatorze
cent vingt-quatre toises ; de sorte qu'il faudroit, pour voir avec les yeux à un mille de
distance, un objet d'environ cent vingt pieds
de hauteur sur cent quatre-vingts de largeur.

« Boekmann, professeur à Carlsruhe, dit,
dans son *Essai sur les télégraphes* : « L'optique nous apprend que nous ne pouvons bien
distinguer un objet qu'autant que l'angle visuel n'est pas moindre de $\frac{2}{3}$, ou la moitié
d'une minute ; nous pouvons également embrasser un objet dans son ensemble, si la distance est cinq mille fois plus considérable
que sa hauteur, c'est-à-dire si la hauteur est
$\frac{1}{5000}$ de la distance ; mais, comme dans la pratique il seroit encore difficile de reconnoître
un objet d'après cette proportion, il est bon

d'en adopter une autre ; l'expérience m'a appris que la grandeur des signes doit être telle qu'elle forme dans l'œil un angle d'au moins vingt à vingt-quatre minutes : or la force des lunettes doit aussi entrer en ligne de compte. Supposez qu'un objet distant de dix mille pieds soit vu avec une lunette qui grossit quarante fois, il paroîtra n'être éloigné que de deux cent cinquante pieds. N'oublions pas non plus que la clarté des objets est en raison inverse de l'agrandissement des images, et que, du moins pour la contemplation des objets terrestres, il faut, dans le choix des télescopes, avoir égard à la perspective. »

NOTE 9.

Pour le télégraphe anglois de 1810.

Si toutes les positions de ces trois volets pou-voient être vues distinctement, elles fourni-roient 342 signaux, savoir :

Pour chaque volet en action, agissant seul,

N° 1. . . . .   6 ⎱
N° 2. . . . .   6 ⎰ 18
N° 3. . . . .   6 ⎰

Les trois volets agissant deux à deux
  produiront trois combinaisons différentes, qui donnent chacune
  trente-six signaux, comme il suit :

Les volets n° 1 et 2. . . . . 36 ⎱
Les volets n° 1 et 3. . . . . 36 ⎰ 108
Les volets n° 2 et 3. . . . . 36 ⎰

Les trois volets agissant ensemble
  fourniront donc deux cent seize
  signaux, ci.   216

TOTAL.   342

NOTE 10.

A l'article du télégraphe anglois, page 173.

L'AMBASSADEUR d'Angleterre fit demander en
1819, au Gouvernement françois, un modèle
de télégraphe dont on fait usage en France :
l'administration télégraphique lui en fit remettre un sur-le-champ, mais il ne fut accompagné d'aucune instruction; et quoiqu'en
Angleterre on soit aussi en état que dans quelque pays que ce soit de bien entendre les
choses de cette espèce, ce modèle servira peu
aux Anglois, s'ils veulent établir une longue
ligne télégraphique. Ils auront bien la machine, mais il faut, pour la placer dans des
positions convenables pour l'application des
signes, et les moyens de transmission sur
une ligne coupée de beaucoup de stations,
des données que l'expérience seule peut faire
connoître, et cette expérience ne se trouve
encore qu'en France.

NOTE 11.

Télégraphe du Caire.

Le vice-roi, qui désiroit être informé par la voie la plus prompte des arrivages et des nouvelles importantes, donna la commission à M. Abro d'établir une ligne télégraphique d'Alexandrie au Caire. Aussitôt on fit venir de France des modèles, des lunettes, et autres instruments nécessaires. M. Abro, accompagné de M. Coste, ingénieur du prince, alla faire la reconnoissance des lieux où devoient être placées les tours, qui furent construites dans un court délai. On travailla aussitôt à confectionner toutes les machines; on s'occupa de former des éleves à la marche des signaux : dans peu de temps l'Égypte verra, sous une autre forme, des messagers aussi rapides que ceux qui alloient d'Alep à Bagdad.

La ligne télégraphique est maintenant établie; les signaux se font avec précision : on reçoit à Alexandrie les nouvelles du Caire en quarante minutes, et celles d'Alexandrie parviennent au Caire dans le même espace de temps.

Il y a dix-sept stations, non compris celles des deux points de départ et d'arrivée.

La première est à la citadelle du Caire;
La seconde, au fort de Boulâq;
La troisième, à Abou-el-Gheyt;
La quatrième, à Ziffet-Chalakan;
La cinquième, à Faraounyeh;
La sixième, à Serou;
La septième, à Ménouf;
La huitième, à Rader;
La neuvième, à Bechtâmy;
La dixième, à Zaouyat-el-Bahr;
La onzième, à Bybân;
La douzième, à Gizayr-Yssa;
La treizième, à Telbâny;
La quatorzième, à Damanhour;
La quinzième, à Karaouy;
La seizième, à Birket-Gheytâs;
La dix-septième, à Leryoun;

La dix-huitième, à Beydah;

La dix-neuvième, à Alexandrie.

(*Histoire de l'Egypte, sous le gouverne-ment de Mohamed Aly*, par Félix Mangin; 2ᵉ vol., p. 241, 242.)

NOTE 12.

Nous avons souvent fait observer que les pavillons et les drapeaux sont un mauvais moyen pour correspondre télégraphiquement : le général de l'armée françoise qui commandoit à Vienne en 1809 nous en a donné un exemple frappant. Les officiers de son état-major s'imaginèrent qu'ils pourroient, pour communiquer promptement de Vienne à Strasbourg, remplir l'espace qui se trouve entre ces deux villes avec des pavillons. Ils voulurent mettre à exécution cette entreprise sans faire d'expériences; et avec cette suffisance qui ne doute de rien, ils choisirent les stations, y placèrent

17

des pavillons, et des hommes répandirent des
instructions imprimées, se concertèrent avec
le directeur du télégraphe à Strasbourg, et
avec le général de division qui y commandoit,
pour qu'ils reçussent les signaux qui devoient
passer par cette ligne télégraphique; mais ils
ne purent en faire parvenir un seul qui fût in-
telligible.

⁌FIN.

TABLE.

CHAPITRE II.

CHAPITRE III.

CHAPITRE IV.

CHAPITRE V.

LIVRE SECOND.

DU TÉLÉGRAPHE FRANÇOIS.

CHAPITRE Ier.

CHAPITRE II.

CHAPITRE III.

CHAPITRE IV.

CHAPITRE V.

CHAPITRE VI.

LIVRE TROISIÈME.

TÉLÉGRAPHIE DEPUIS LE TÉLÉGRAPHE FRANÇOIS.

CHAPITRE Iᵉʳ.

NOTES.

FIN DE LA TABLE.

ERRATA.

Page 66, lig. 13, *au lieu de* Gantey; *lisez*, Gauthey; *et partout où ce nom est cité, lisez de même.*

— 99, — 5, déterminées; *lisez*, terminées.

— 104, — 10, de nature différente; *lisez*, de nature si différente.

— 174, — 2, Nous ne savons pas si l'on trouve, parmi les cent projets, ceux de machine télégraphique proposés à l'Amirauté, qu'un membre de l'Académie de Dublin, M. John Coorke, a présentés à cette Académie; *lisez*, Nous ne savons pas si l'on trouve, parmi les cent projets offerts à l'Amirauté, ceux qu'un membre de l'Académie de Dublin, M. John Coorke, a présentés à cette Académie.

— 176, — 13, les millièmes; *lisez*, les mille.

— 254, — 15, ligne coupée; *lisez*, ligne composée.

Pl. I

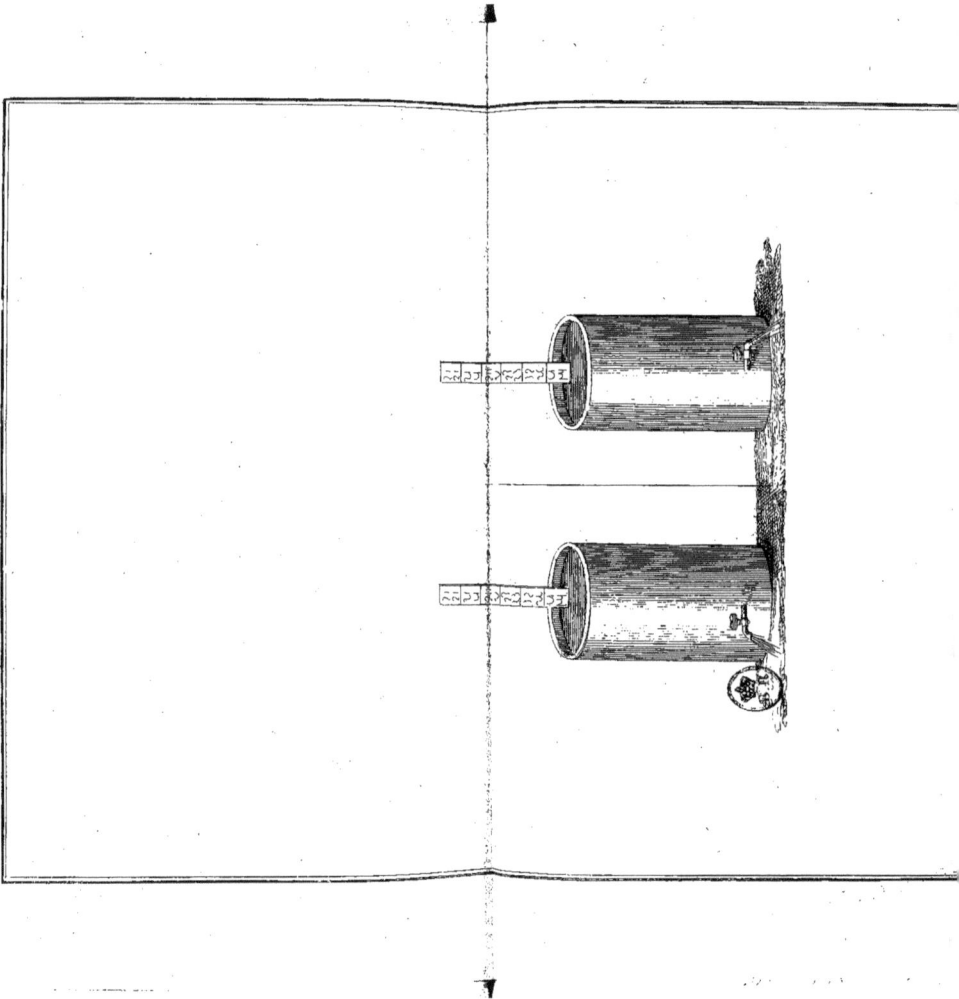

Pl. III.

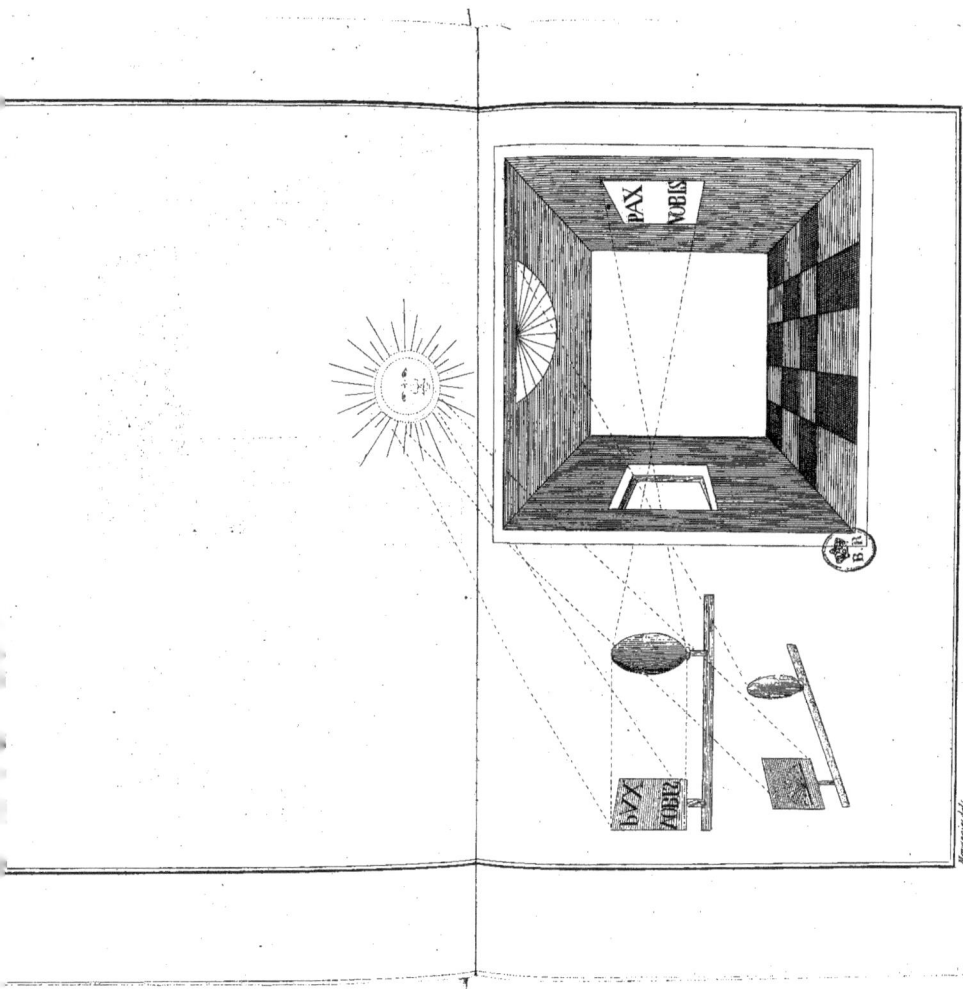

Pl. V.

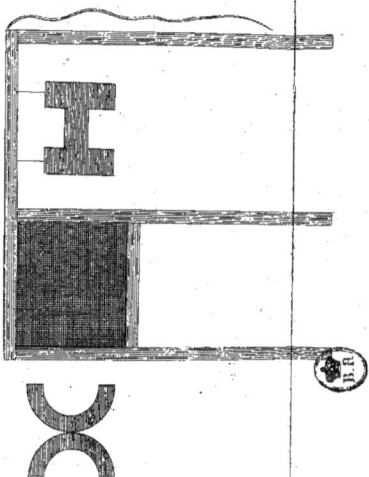

Pl. VII

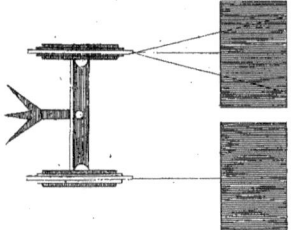

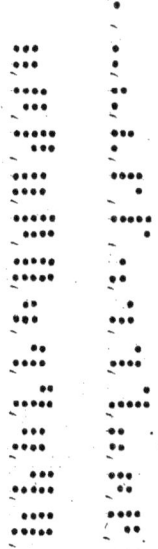

Pl. IX

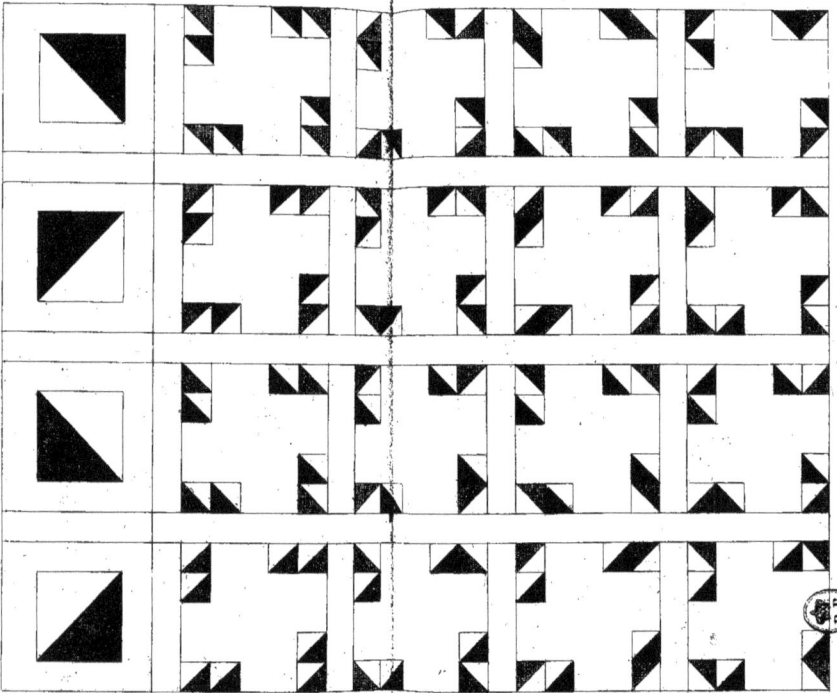

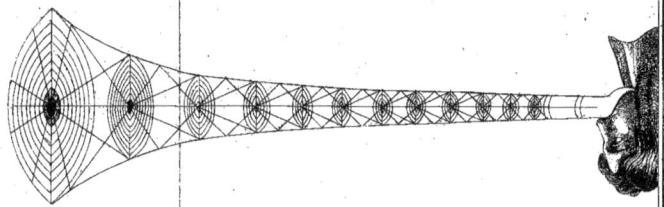

Pl. XI.

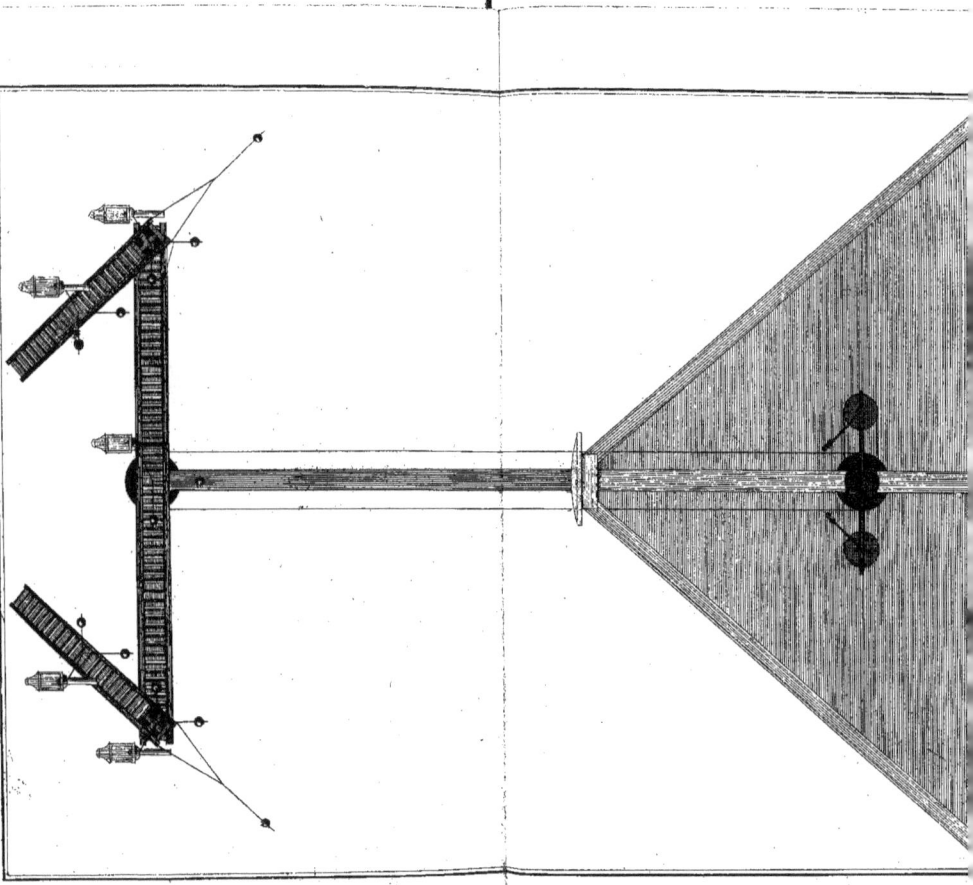

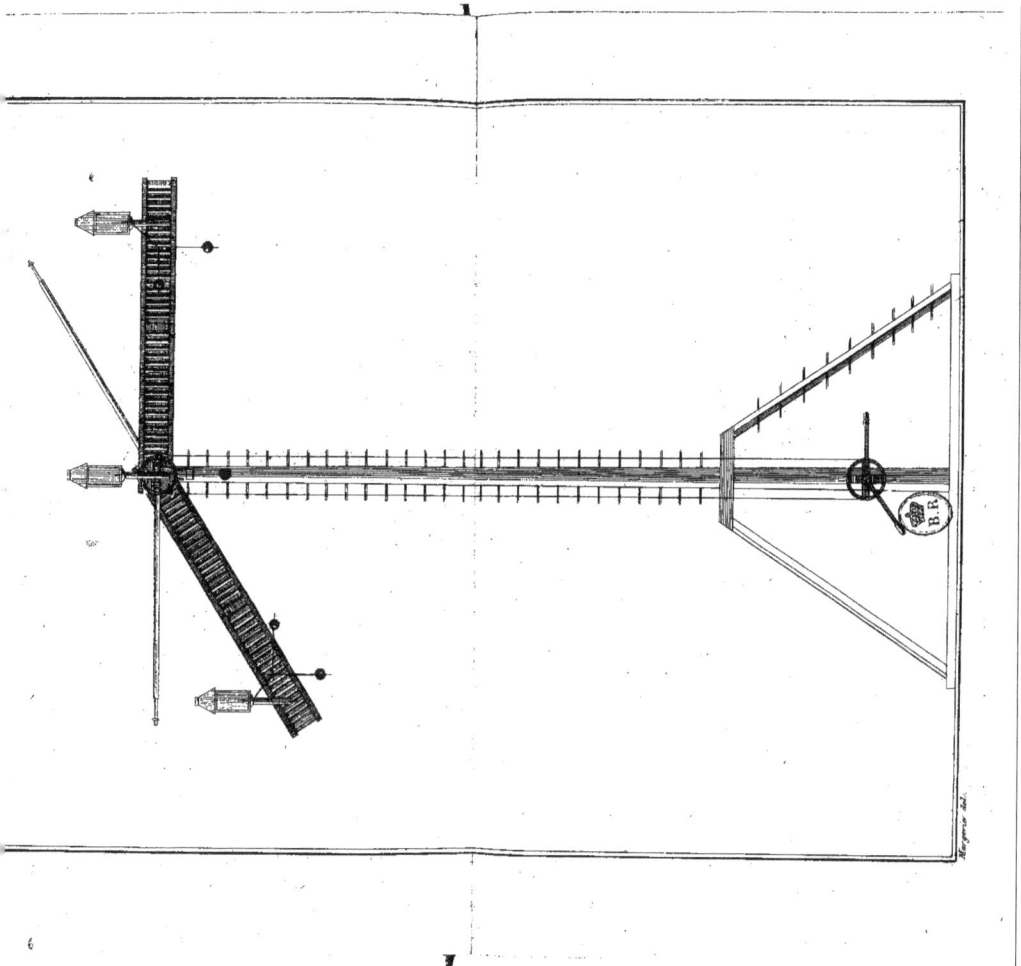

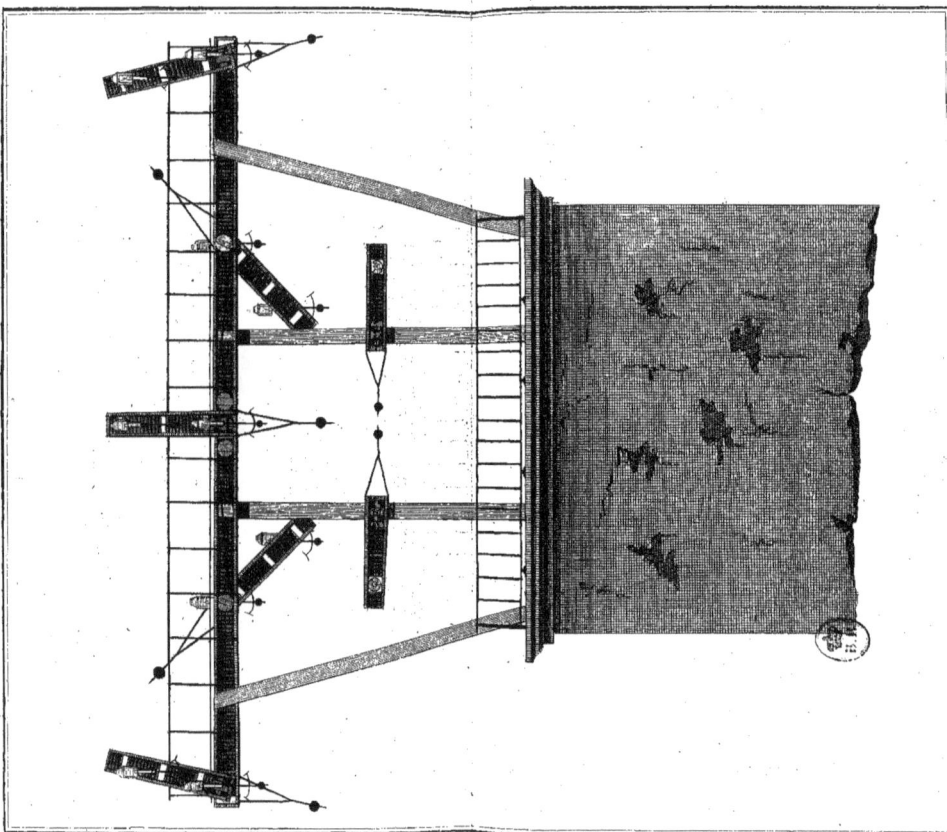

Pl. XIII

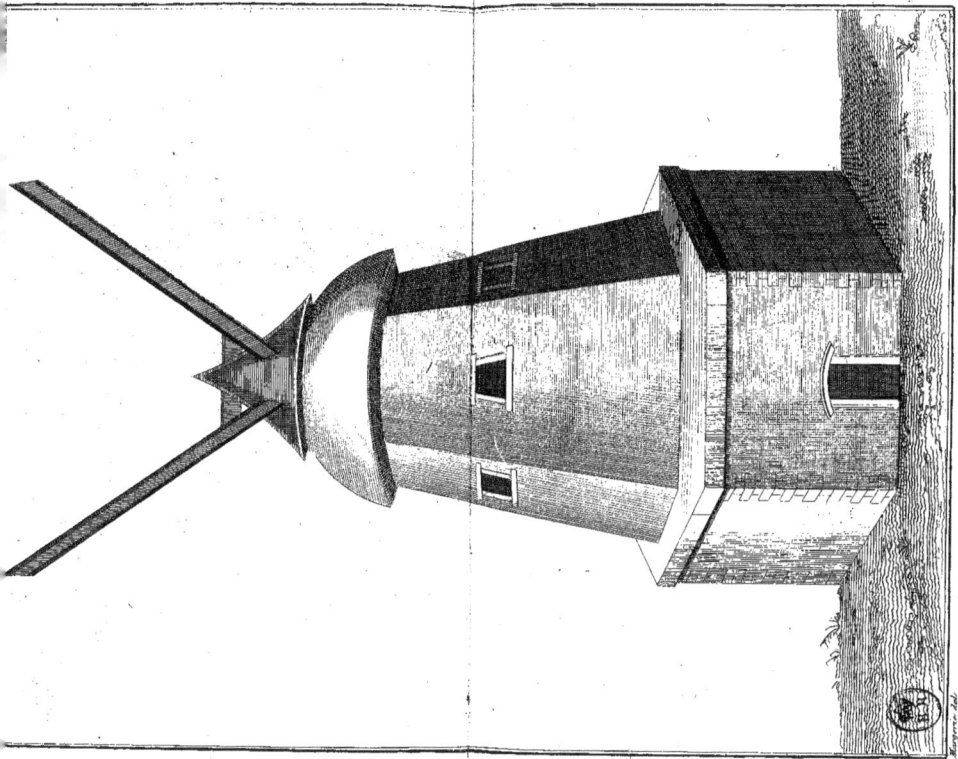

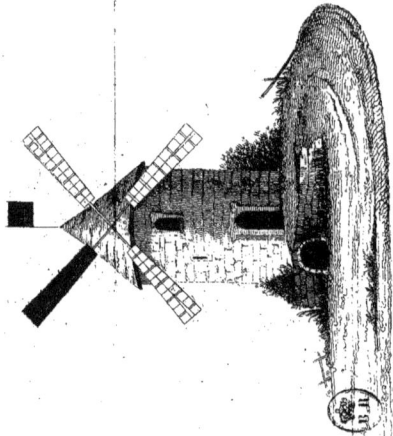

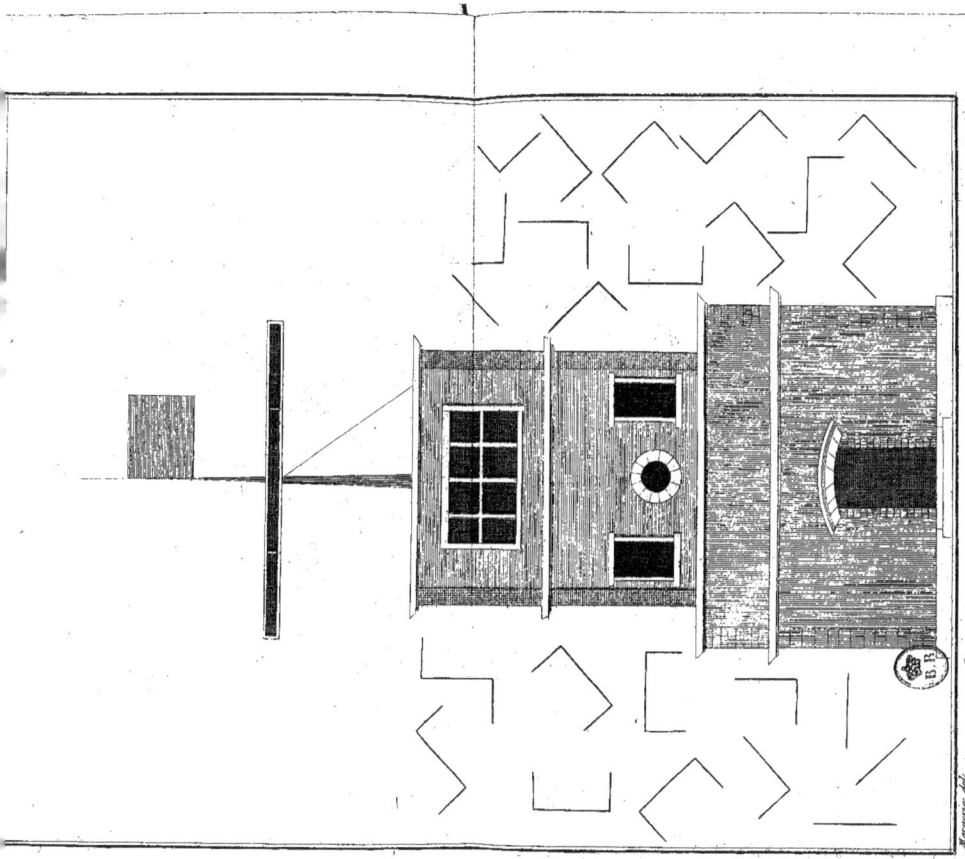

Pl. XVII.

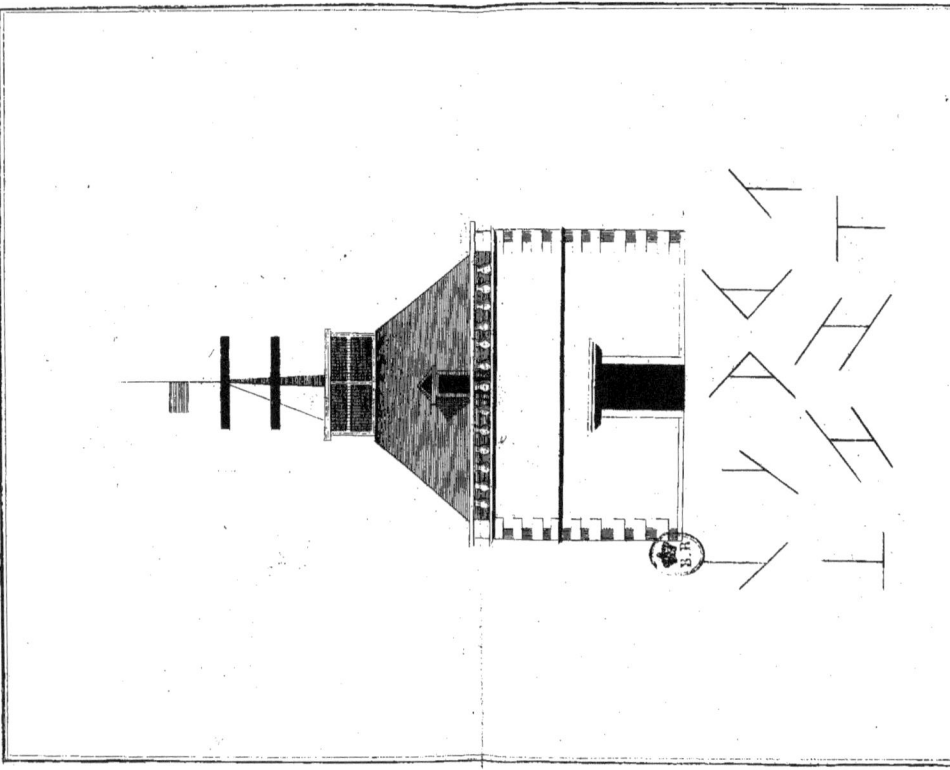

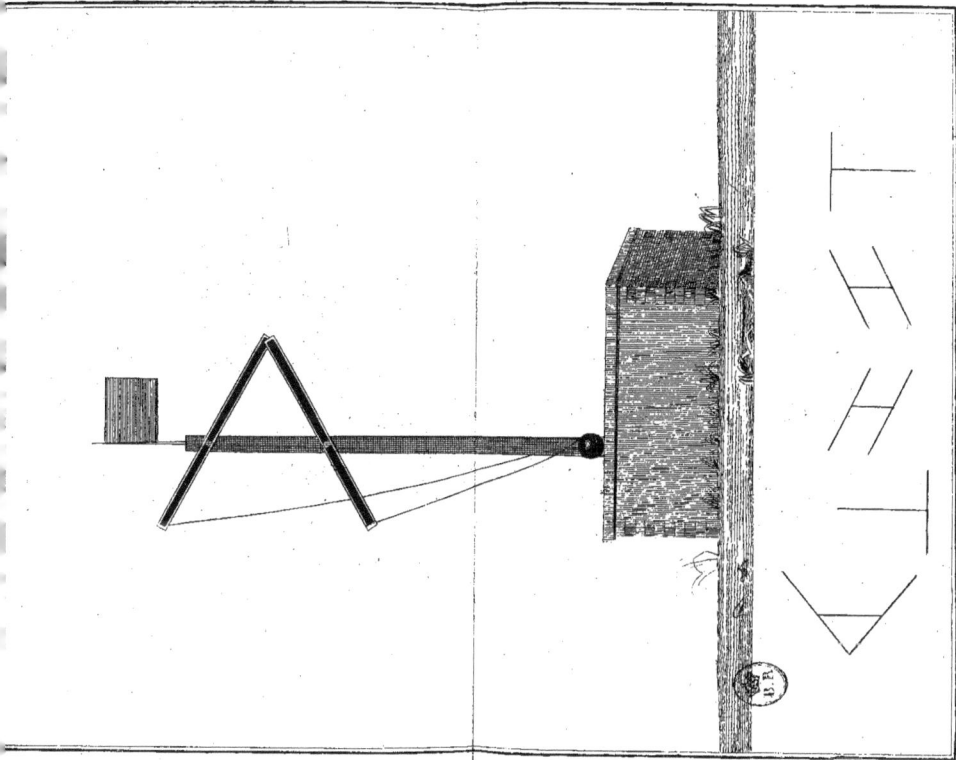

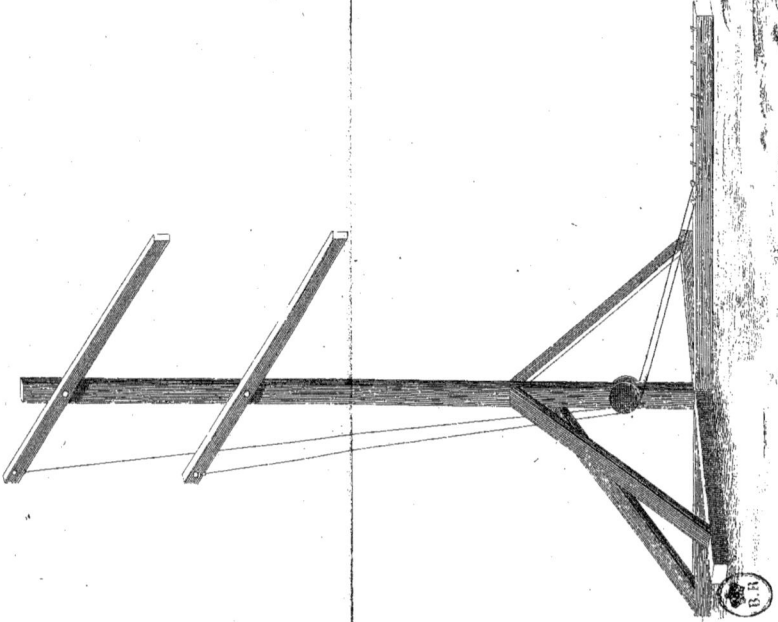

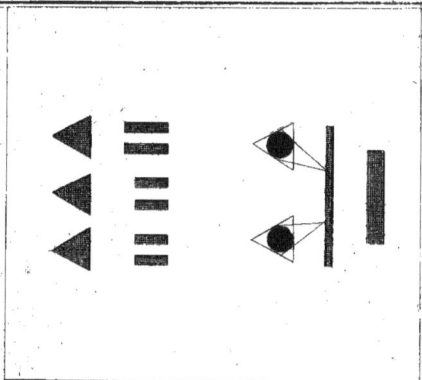

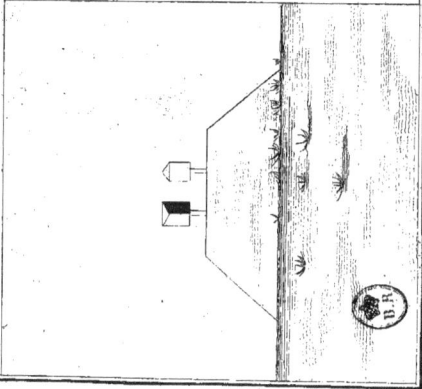

Pl. XXI.

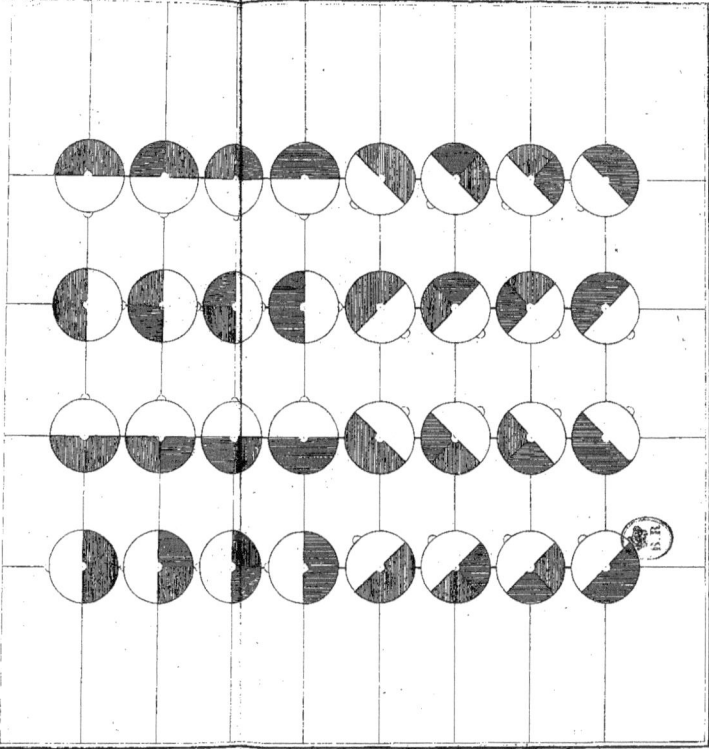

Pl. XXIII

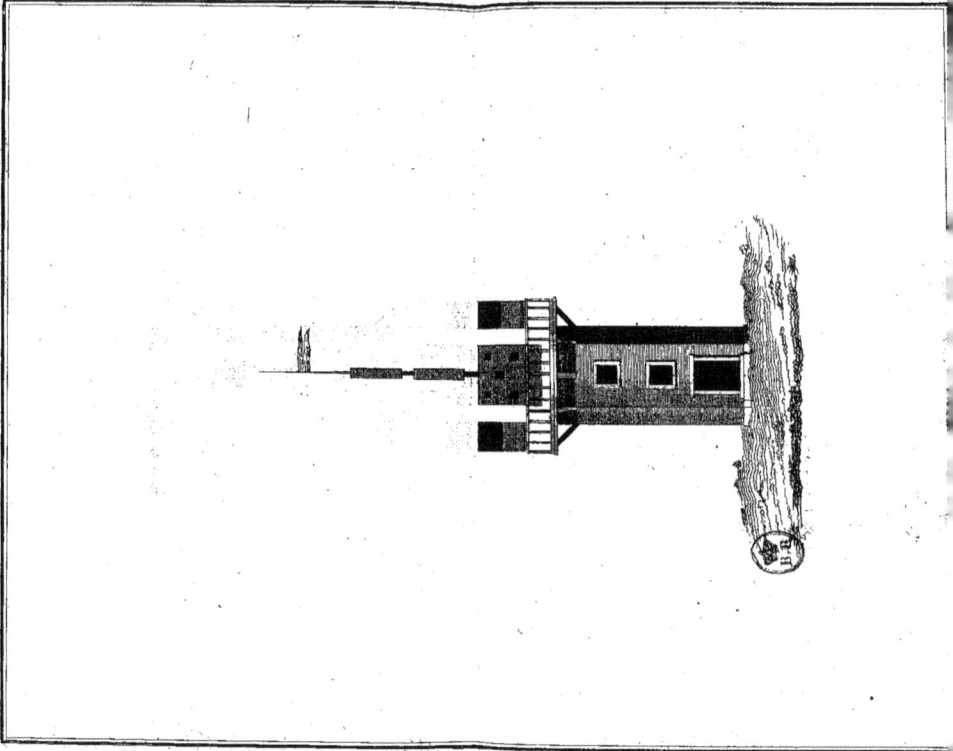

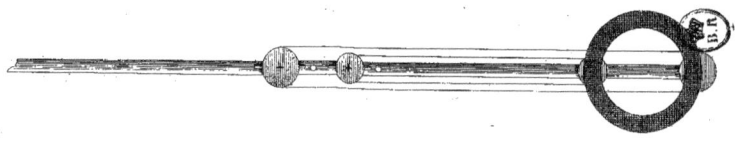

Pl. XXV.

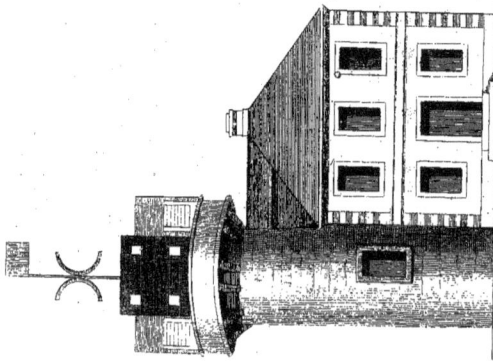

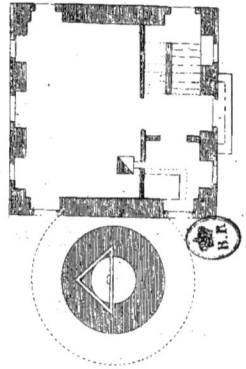

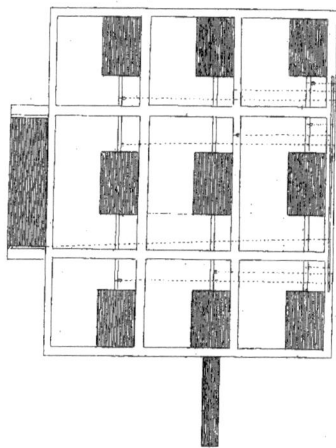

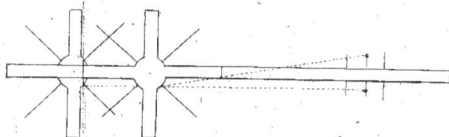

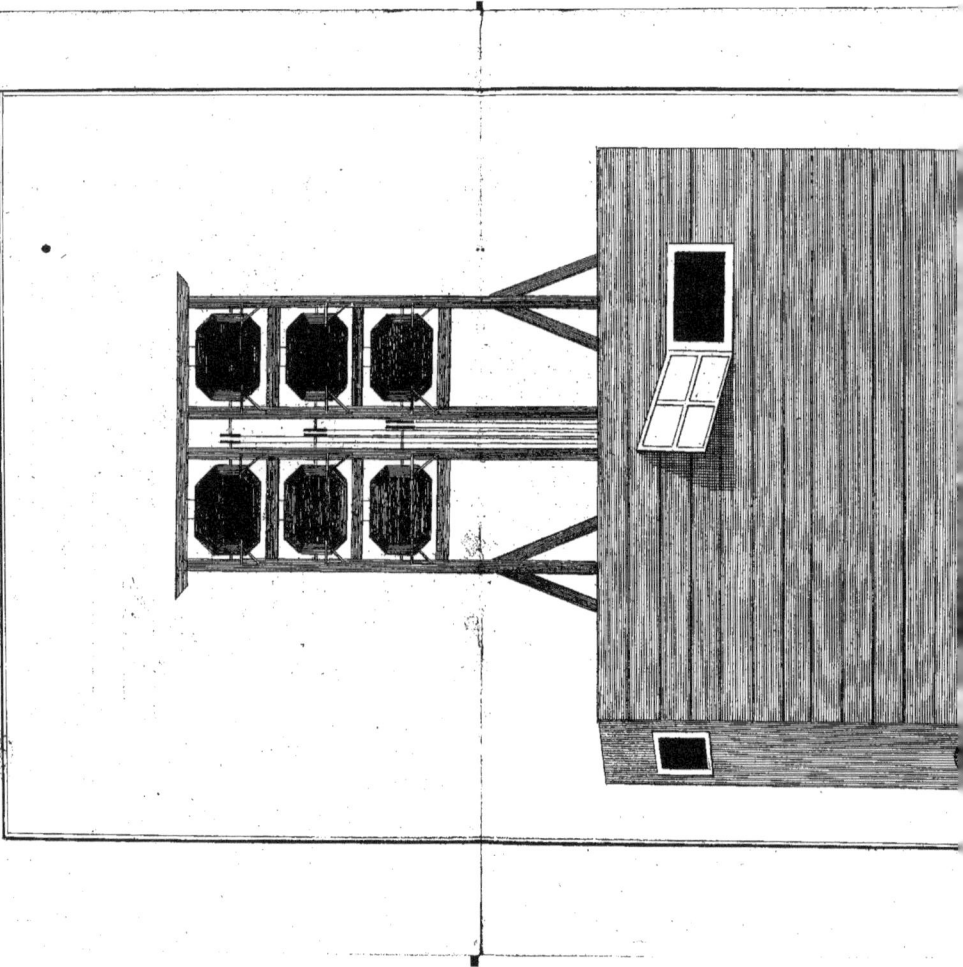

Pl. XXVII.

Pl. XXIX.

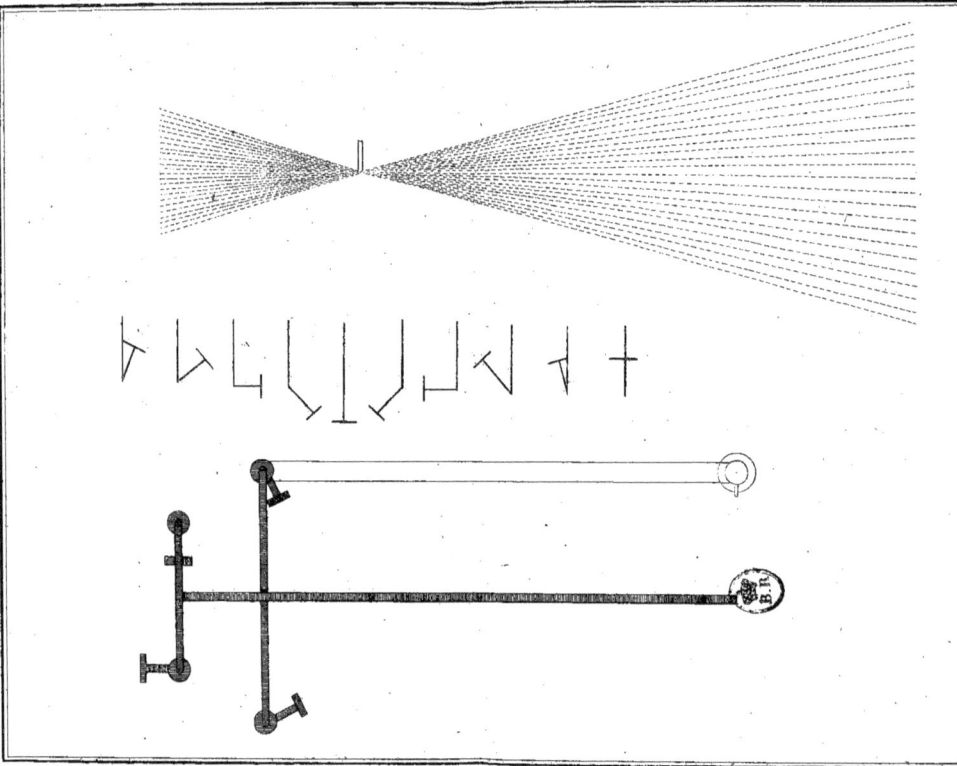

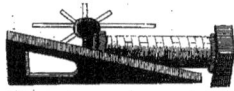

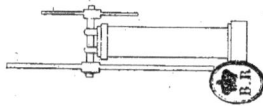

Pl. XXI.

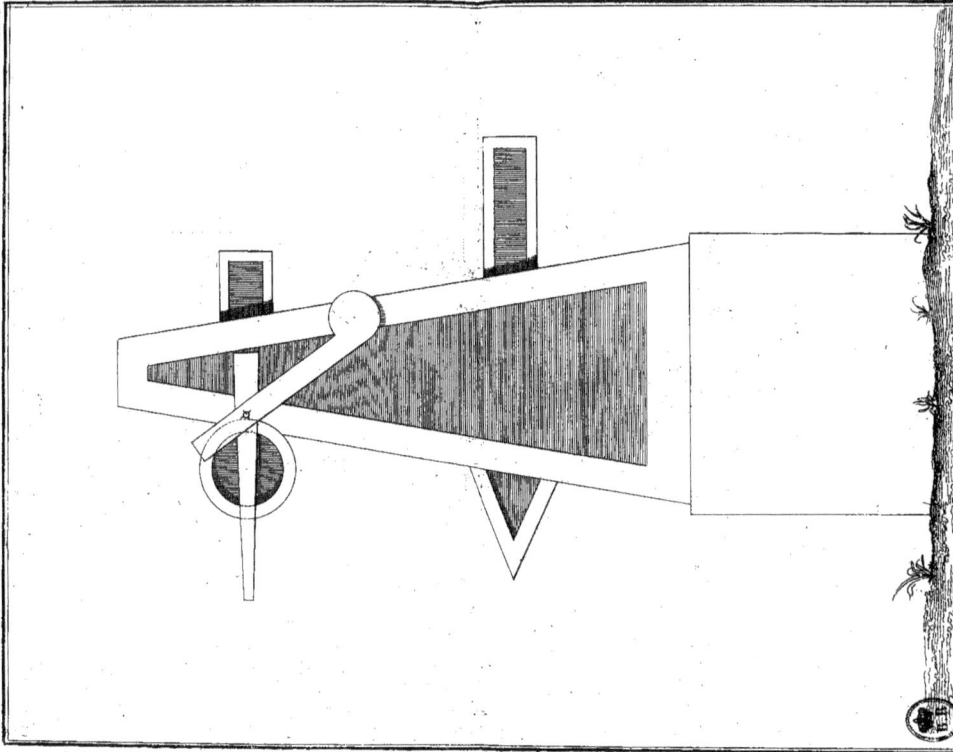

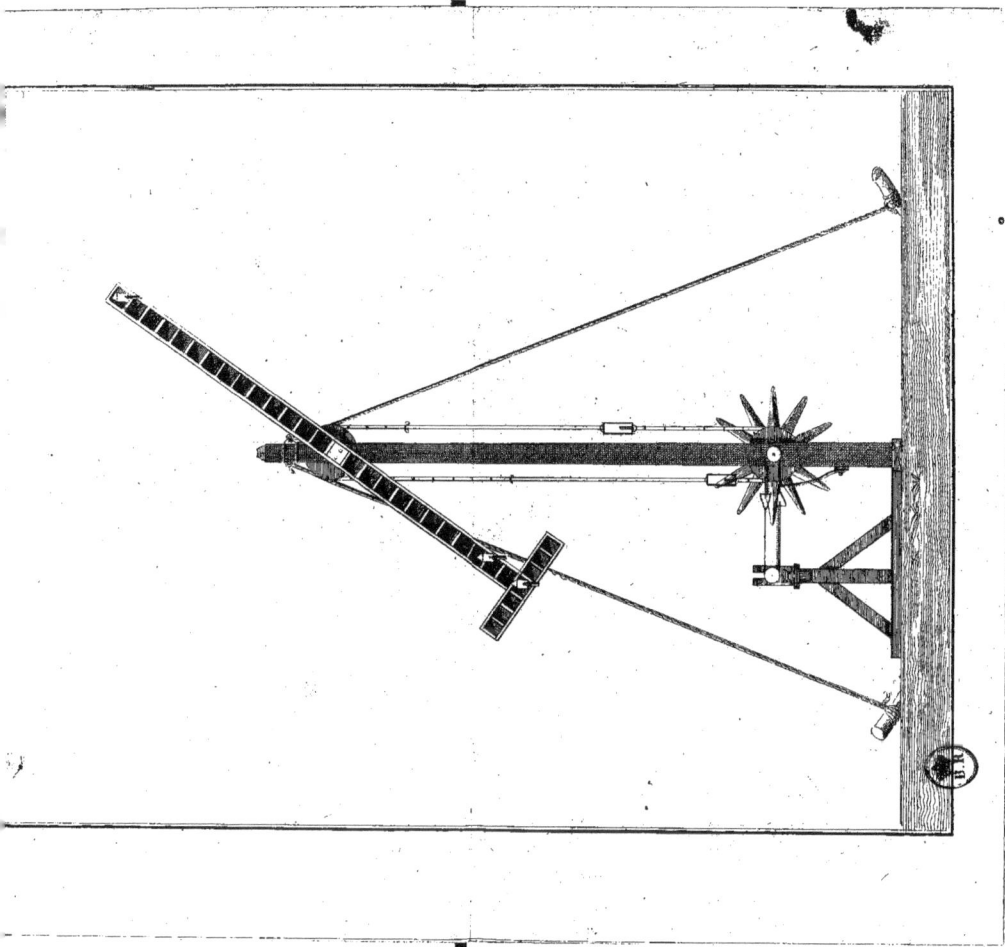

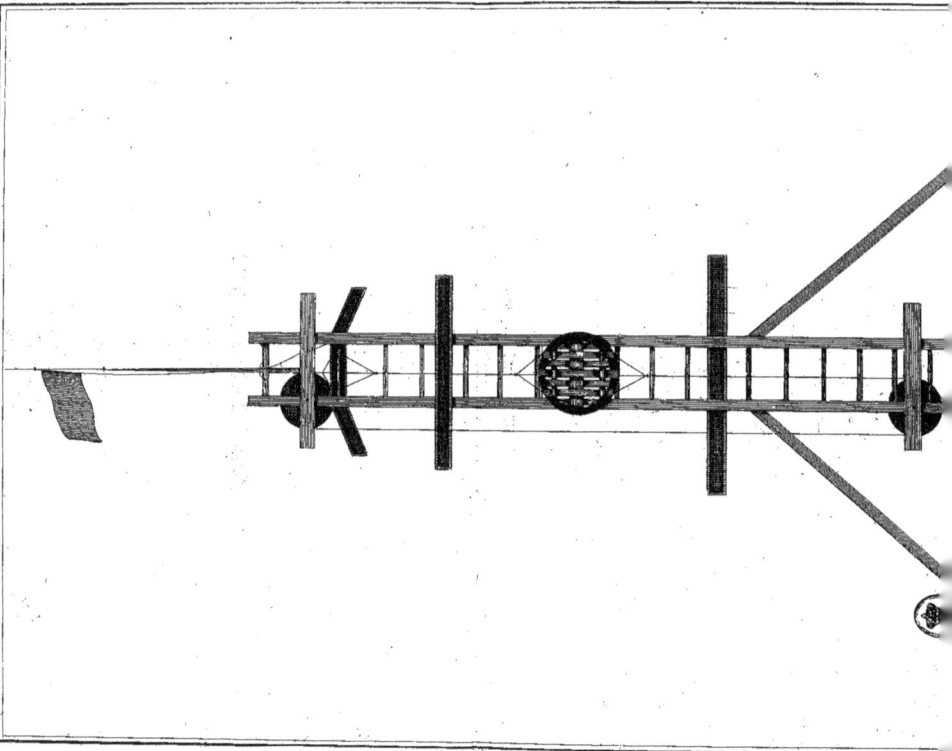

Pl. XXXIII.

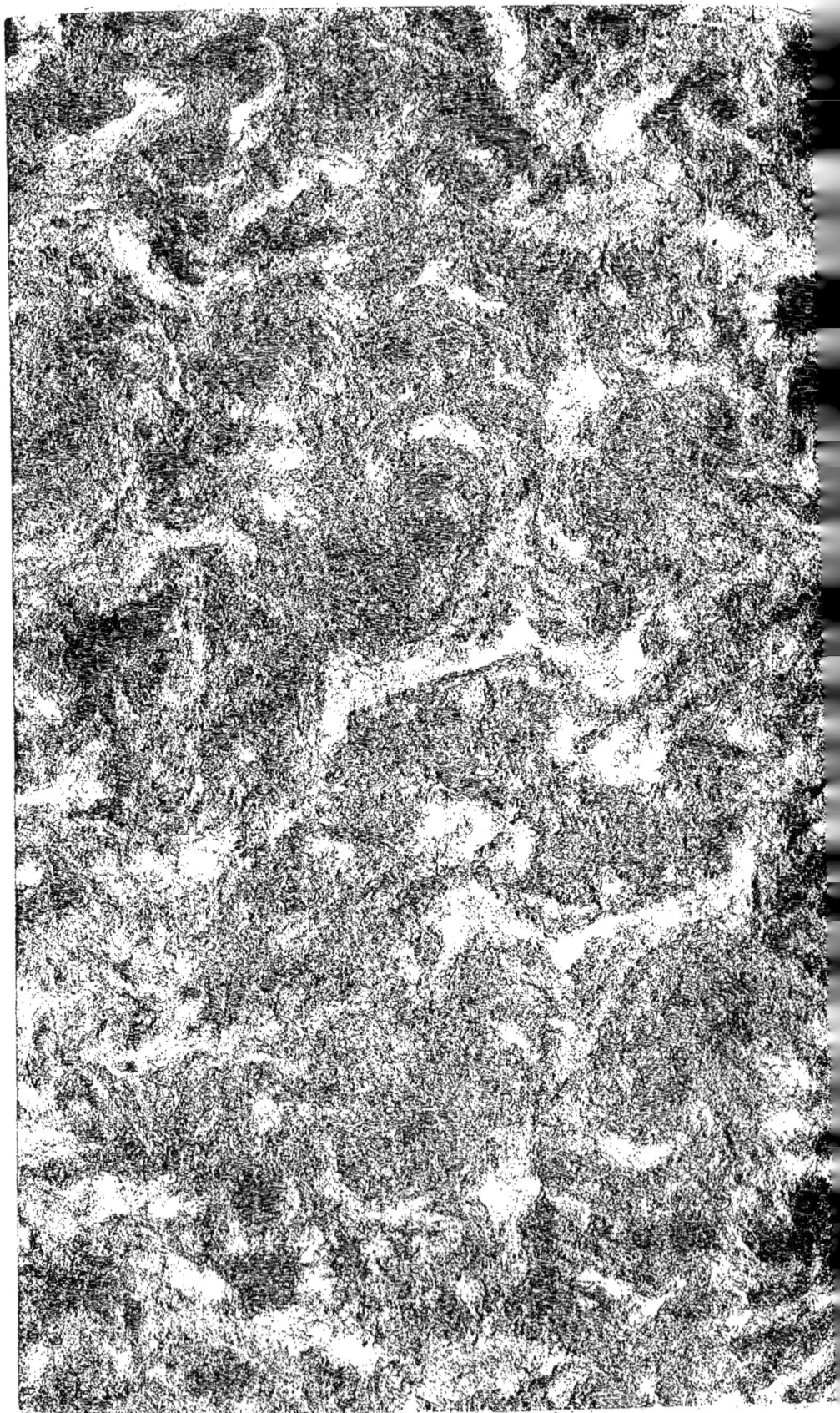

I. CHAPPE

HISTOIRE
DE
LA TÉLÉGRAPHIE